Heiner Reinke-Dieker

Führen mit Offenheit und Intuition

Heiner Reinke-Dieker

Führen mit Offenheit und Intuition

Anleitungen für den Blick
über den Tellerrand

GABLER

Bibliografische Information Der Deutschen Bibliothek
Die Deutsche Bibliothek verzeichnet diese Publikation in der Deutschen
Nationalbibliografie; detaillierte bibliografische Daten sind im Internet über
<http://dnb.ddb.de> abrufbar.

1. Auflage März 2003

Alle Rechte vorbehalten
© Betriebswirtschaftlicher Verlag Dr. Th. Gabler GmbH, Wiesbaden 2003

Lektorat: Ulrike M. Vetter

Der Gabler Verlag ist ein Unternehmen der Fachverlagsgruppe BertelsmannSpringer.
www.gabler.de

Umschlaggestaltung: Nina Faber de.sign, Wiesbaden
Satz: ITS Text und Satz Anne Fuchs, Pfofeld-Langlau
Druck und buchbinderische Verarbeitung: Hubert & Co., Göttingen
Gedruckt auf säurefreiem und chlorfrei gebleichtem Papier
Printed in Germany

ISBN 3-409-12208-7

Vorwort

Viel zu häufig stellt man sich selbst oder stellen auch Unternehmen sich im Nachhinein Fragen wie: „Warum haben wir nicht früher eingegriffen?", „Warum haben wir diese Entwicklung nicht früher gesehen?"

Wie wohl in nahezu jedem Buch, das sich an Manager richtet, geht es auch hier um Bedingungen und Methoden des Erfolgs. Dennoch ist hier vieles anders. Wir werden nicht über Inhalte und das Konstruieren des zukünftigen Erfolgs sprechen, sondern über uns selbst und wie wir auf den zukünftigen Erfolg vorbereitet sind. Wir werden vor allem darauf achten, dass die zurückliegenden Erfolge uns nicht zu sehr einschränken. Es muss verhindert werden, dass die einzelnen Manager bzw. die gesamte Organisation sich aufgrund der Erfolge und Erfolgsstrategien der Vergangenheit in ihrem Erkenntnishorizont zu sehr begrenzen.

Die Frage ist also: „Wie können wir verhindern, dass uns der zurückliegende Erfolg blind macht für neue Gefahren?" Und „Wie können wir für möglicherweise völlig andere Erfolge offen bleiben?" Um es etwas anders auszudrücken: Wir müssen persönlich und mit unserer Organisation dafür sorgen, dass uns die neuen Erfolge und Ideen finden können, dass wir also aufnahmebereit und aufnahmefähig bleiben. Denn auch viel zu häufig stellt man im Nachhinein fest, dass das notwendige Wissen zwar innerhalb der Organisation an einer Stelle vorhanden war, aber nicht genügend Gehör fand. Es geht in diesem Buch also um den Erhalt und Ausbau unserer Erkenntnisfähigkeit. Es geht darum, wie wir unser Denken und dann auch unsere Organisation trainieren und zu einer offeneren Geisteshaltung bewegen können, sodass sich die oben genannten Ausgangsfragen nicht mehr stellen werden.

Nun erscheint die Herausforderung, eine bestehende – und vor allem funktionierende – Organisation weiter zu entwickeln, schwieriger, als es Rationalität und Logik allein vermuten lassen. Erfolg in der Vergangenheit ist sicherlich die größte Gefahr für jeden Fortschritt, denn er vermag, Wahrnehmungen einzugrenzen und neue Sichtweisen zu verhindern. Alles Neue erlebt sich daher zunächst in seiner Gegnerschaft zum Etablierten. Es kommt also auf die Führung des Unternehmenssystems an, folglich auf die einzelnen Führungskräfte, deren Haltung und deren methodische Kompetenz. Bei ihnen liegt es, die Bereitschaft zu schaffen, das Bestehende in Frage zu stellen und sich selbstbewusst immer wieder um das Bessere zu bemühen. Denn die Bereitschaft und Fähigkeit zu einer allgemeinen „Lernkultur" im Unternehmen ist das Ergebnis eines längeren, vielfältigen Entwicklungsprozesses. Es funktioniert einfach nicht, das Lernen wie mit einem Lichtschalter nach Bedarf und Laune an- oder auszuknipsen. Die Alternative ist eine rechtzeitige Ausrichtung der Führungskräfte auf Lernprozesse und ein Training dieser Denk- und Arbeitsfähigkeiten, selbstverständlich und alltagstauglich.

Dieses Buch zeigt auf, was Erkenntnisoffenheit für die Führungspraxis bedeutet, und vor allem, wie Sie dazugewinnen: Mehr Erkenntnisse, einen größeren Handlungsspielraum und mehr Selbstsicherheit. Das wird Ihnen persönlich und Ihrer Organisation zugute kommen.

Heiner Reinke-Dieker

Inhalt

Einführung: Das dialogische Denken und die Rolle des Teufelchens

Die Fragen der Lernkultur und damit auch die dieses Buches sind: Was blockiert eigentlich die Bereitschaft für das Neue, und wie löse ich diese Hemmung? Wie erhält man Zugang zu den hierfür maßgeblichen inneren Einstellungen?

Bei dieser Betrachtung wird schnell deutlich, dass die für ein größeres Unternehmenssystem geltenden Mechanismen des Prüfens, Übernehmens oder Abwehrens auch für den einzelnen Menschen gelten. Die gleichen Prozesse der Erneuerung oder Erneuerungsabwehr laufen auf individueller Ebene ab. Daher wird in diesem Buch immer wieder gewechselt zwischen der Gesamtsicht auf ein Unternehmenssystem und der Hinwendung zur Einzelperson, die sich in ihrer Persönlichkeit entwickeln muss, damit das Unternehmen sich erneuern kann. Natürlich ist es dann keine Frage mehr, dass die methodischen Anregungen zu einer größeren geistigen Unabhängigkeit auch außerhalb der Unternehmenswelt im persönlichen Bereich nützliche Dienste für die eigene Weiterentwicklung leisten können. Die Frage ist zugespitzt: Wie löse ich diese Hemmung vor dem Neuen in mir selbst auf?

Dieses Buch ist eine direkte Folge der Erfahrungen meiner Tätigkeit als Berater von Führungskräften aus Unternehmen. Vorherrschend ist die dabei nur auf den ersten Blick überraschende Kombination aus Beratungsersuchen und gleichzeitiger Abwehr möglicher Folgen dieser Erkenntnisse. Der verklausulierte Auftrag heißt häufig: Ändern Sie, aber ändern Sie nichts, zumindest nicht mich.

Letztlich ist es immer eine Folge von Lernstörungen, wenn ein Unternehmen ursprünglich kleine Probleme zu existenzbedrohenden Krisen hat auswachsen lassen. Daher richtet sich die wichtigste Aufgabe meiner Beratungstätigkeit auf die Stärkung der Selbstheilungskräfte einer Organisation. Die Ausbildung in Systemischer Beratung hat mir im besonderen Maße geholfen zu verstehen, was auf und unter der Oberfläche der allgemeinen Tatsachen im Unternehmen oft bedeutsam ist. In der Systemischen Beratung hat es große Bedeutung, Standpunkte zu wechseln, auch einmal von außen auf das Innere zu blicken, und durch Vermehrung von Sichtweisen zusätzliche Erkenntnisse zu gewinnen, nicht zuletzt auch über die hineinspielenden Gefühle und über oft verdeckte Einflüsse. Mit zunehmendem Wissen über das System wächst auch für die Führungskraft die Wahrscheinlichkeit, eine bessere Entscheidung zu treffen. Dabei gibt der Systemische Berater, z. B. im Coaching, keine Vorgaben und inhaltliche Ratschläge. Er hilft mit seinen Methoden und Reflexionstechniken, angemessener zu verstehen und die Chancen für eine positive Entwicklung zu nutzen, für sich selbst und für das Unternehmen.

Ich komme jetzt zu dem Maskottchen dieses Buches, das eine wichtige Rolle spielt, dem Teufelchen. Der Dialog mit dem Teufelchen steht hier als Sinnbild für Lockerheit, für das Wechselspiel mit einem Gesprächspartner, der mit kritischen Fragen und gegenteiligen Ansichten faszinierende Gedankenanstöße geben kann, zu dem aber dennoch eine vorsichtige Distanz sein darf und angebracht bleibt. Seine Aufgabe wird hier vor allem das Eintreten für das Gegenteil sein, und ich werde verdeutlichen, warum diese Gegenposition für das persönliche Wachstum wie für die Entwicklung von Unternehmen so unverzichtbar ist. Zunächst genügt der Hinweis auf die Bedeutung des Gegenstandpunktes in den Kreativitätsmethoden, denn er hält uns den Zugang zum Neuen offen, ohne dass uns dieses Neue immer angebracht erscheinen muss. Wir suchen schließlich nicht das Neue schlechthin, sondern bestehen auf dem Besseren. Zusätzlich kann angeführt werden, dass schon seit Jahrhunderten die Jesuiten den „Advocatus Diaboli" als Mittel der Entscheidungsprüfung und letztlich der Entscheidungsverbesserung nutzen, wir werden sehen warum.

Ich betone dabei das spielerische Moment im Dialog mit dem Teufelchen. Spielerisch und ohne vorherige Festlegungen wird dieser Dialog Wege sichtbar machen, die aus Wahrnehmungsverengungen und Inflexibilität herausführen. Unter der Hand gibt das Teufelchen eine sehr nützliche Anleitung, mit der man Querdenken, Alternativdenken und Gefühle zur kreativen Ressource macht. Das Teufelchen ist ganz sicherlich das geeignete Maskottchen jeder „Lernenden Organisation".

Teufelchen haben etwas Lebhaftes, Widersetzliches. Sie spielen Streiche, lachen über uns, zuweilen auch über sich selbst, und sie lieben das Herumtollen und den Widerspruch. Wer Kinder in dem passenden Alter hat, kennt Teufelchen. Teufelchen gehören also eher zur Lebensphase Aus- und Aufbruch, Neuorientierung. Damit wird unmittelbar die Bedeutung des Teufelchens für Erwachsene und die so besonders rational geltende Erwachsenenvariante „Manager" deutlich. Alles Neue war ursprünglich ein Aufbegehren, ein Missachten des Bestehenden, es war der Mut, völlig neue Regeln zu setzen. Kreativität hat immer auch das Element des Infragestellens und Zerstörens. Erwachsensein sollte sich daher nicht über das Ausgrenzen unbequemer Eigenschaften und Sichtweisen bestimmen, sondern über deren Integration in ein insgesamt aufschlussreicheres Gesamtbild.

Wenn Sie also weiterhin offen bleiben wollen für den neuen Weg zum Erfolg, dann lassen Sie sich ein auf diesen Dialog mit dem Teufelchen. Und bleiben Sie neugierig, was die Beantwortung seiner sicherlich schwierigen Fragen bei Ihnen an Erkenntnissen und Ideen auslöst, bei Ihnen selbst oder auch – durch Sie vermittelt – bei Ihrer Organisation. Ich bin zuversichtlich, dass Sie letztlich das Teufelchen mit anderen Augen sehen und als Gesprächspartner schätzen lernen. Daher viel Freude und (neue) Erfolge mit dem Teufelchen!

Die drei Regeln der Erkenntnisoffenheit

Erste Regel: Wir wechseln Standpunkte und Sichtweisen, denn jeder Standpunkt hat seinen Wert

Das Teufelchen fragt: „Bist du sicher?"

Das Teufelchen spielt hier die Rolle des kritischen Gegenübers. Es vertritt gegenüber Standpunkten die Gegenteile und bewirkt, Einseitigkeit und Vorurteil zu relativieren. Das Ergebnis dieses ersten Dialogs ist meist nicht eine Abkehr von der ursprünglichen Annahme, sondern eine realistischere Sicht, die Nachteile und Schwachstellen einschließt, die ja immer nur durch Verlagerung des Blickwinkels sichtbar werden. Das Ergebnis ist damit ein Sich-Öffnen für Verbesserungen.

Methodisch gesprochen geht es hier um die Grundsätze einer Kommunikation, die Gegensätze einbezieht und als Erkenntnisquelle nutzt. Der Fortschritt besteht darin, Dialog als Mittel der Erkenntnisgewinnung zu sehen statt als bloßes Bemühen, einen anderen von der eigenen Sichtweise zu überzeugen. Natürlich ist die Voraussetzung jedes Dialogs die Annahme, möglicherweise Recht zu haben. Aber wenn Sie darauf bestehen, dann wird aus dem Dialog

Monolog. Dieses Kapitel soll Ihnen daher nahe legen, dass es gefährlich ist, zu sicher zu sein ...

In der Arbeit mit Führungskräften sind schnell zwei Dinge offensichtlich:

- Fehler kommen vor, überall.
- Kaum jemand erkennt seine eigenen Fehler.

Die meisten Führungskräfte entsprechen der kulturellen Norm unserer Arbeitswelt. Zu ihrer Selbstdarstellung gehört vor allem: Sei selbstbewusst, optimistisch und sieh dein Leben positiv. Da Lernen aber immer auch Infragestellen erfordert, wird es folgerichtig den jeweils anderen empfohlen. Fast alle Gesprächspartner zeigen das Bedürfnis, das eigene Handeln und die eigene Sichtweise zu erklären. Nur wenige sind bereit und in der Lage zuzuhören. Wobei nicht das Atemholen gemeint ist, sondern das Bemühen um ein Verstehen des anderen. Fehlerhaftes Handeln ist aber immer die Folge einer fehlerhaften Wahrnehmung. Jede persönliche Weiterentwicklung muss folgerichtig im ersten Schritt diese falsche Sicherheit erschüttern, im Besitz der Wahrheit zu sein. Dabei ist das Ziel selbstverständlich nicht Unsicherheit und Selbstverleugnung, sondern eine Sicherheit, die durch kritische Überprüfungen und durch Einbeziehung ergänzender Sichtweisen gestärkt wurde.

Die Mechanismen der Selbsttäuschung

Lineares Denken

Die einhellige Forderung aus Seminaren und Beratungen lautet: Seien Sie positiv und konzentrieren Sie sich auf das, was Sie erreichen wollen. Denn wenn Sie sich vorstellen, wie Sie scheitern, dann

werden Sie scheitern! Dass dieser Mechanismus negativer Selbstsuggestion funktioniert, erkennen zu ihrem Leidwesen Sportler sehr direkt. Aber was bewirkt eine positive Selbstsuggestion: „Ich bin ganz
ruhig ... Ich werde jetzt den Ball genau dorthin schlagen ..." ? Wir
können uns nicht selbst betrügen. Ein falscher, zur Schau gestellter
Optimismus wird das Gegenteil von Lockerheit bewirken. Denn
dann blockieren sich zwei innere Kontrahenten. Gängige Erkenntnis
ist also: Der Mechanismus der sich selbst erfüllenden Prophezeiung
funktioniert im Negativbereich tadellos, denn von den vielfältigen
Quellen des Scheiterns liegen immer etliche in unserem direkten
Einflussbereich. Die Anforderungen des Gelingens sind jedoch umfassender. Dabei ist es sinnvoller, den eigenen Optimismus mit rea-
listischen Prognosen und Chancenprüfungen wieder auf den Boden
zu holen. „Ich habe eine reale Chance, denn alle Einzelheiten haben
schon häufiger geklappt ..."

Wir dürfen uns nichts vormachen. Es gibt Rückschläge, das Leben
ist nicht immer angenehm, und es gibt nun einmal Schurken, vor
denen wir uns in Acht nehmen müssen. Durch ausschließliche
Freundlichkeit und Nachgiebigkeit erreichen wir keine vernünftige
Erziehung unserer Kinder und durch vertrauensvollen Verzicht auf
Kontrollen auf Dauer auch keine Leistungssteigerung der Mitarbeiter im Unternehmen.

Zwei grundlegende Gesetze sollten beachtet werden: Das menschliche Miteinander findet zum einen statt in einem System vielfältiger
Einflüsse, die sich in Stärke und Wechselwirkung stark verändern.
Dadurch können relativ geringe Verhaltensunterschiede zu stark unterschiedlichen Wirkungen führen. Zum anderen sind die einzelnen
Einflüsse in ihrer Wirkung auf uns und auf das System nicht linear.
Zum Beispiel für das Salz in der Suppe gilt: zu wenig ist schlecht, zu
viel ebenso, und die ideale Mitte ist Geschmackssache. Nichts anderes
gilt in fast allen sozialen Faktoren, seien sie Verständnis, Machtdurchsetzung, Liebe oder Selbstbehauptung. Die Realität ist weit
entfernt von der Einseitigkeit mancher Theorie, die immer nur eine

Seite sieht und die Welt entweder mit Liebe oder mit Strenge retten will. Die immer wieder verlockenden Patentrezepte funktionieren in der Regel so, dass aus vielen möglichen Einflussfaktoren einzelne oder wenige herausgegriffen und als Schlüsselfaktoren isoliert dargestellt werden. Dann wird Ihnen ein Patentrezept anempfohlen: „Setzen Sie aufs Zuhören, trainieren Sie Selbstbehauptung, trainieren Sie Ihre bildhafte Vorstellungskraft, seien Sie positiv ..."

Leider führen derartige Patentrezepte recht schnell zur Enttäuschung. Die Realität des Lebens ist komplizierter. Nicht nur, dass es eine Weiterentwicklung kaum ohne die Mühen der Selbständerung gibt. Auch die Logik stellt sich quer. Denn wenn wir immer nur auf einen Faktor setzen und den optimal ausfüllen wollen, dann ist es praktisch unmöglich, die dem System angemessene Dosierung zu finden. Auch gilt: Mehr des Guten ist nicht unbedingt besser, oft sogar eindeutig schlechter. Man kann Verhalten nie isoliert sehen, denn die Wirkung kann je nach kulturellem Umfeld, entsprechender Vorgeschichte und beteiligten Personen, sehr unterschiedlich ausfallen. Und dabei sind noch die Veränderungen des Umfeldes selbst zu berücksichtigen: Das, was gestern gut war, muss heute keineswegs genügen. Wie ist es z. B. mit der Forderung, die Mitarbeiter regelmäßig zu loben? Sie sollten sehr variieren und bei einigen Mitarbeitern eher geizig damit umgehen, und Sie sollten in vielen Fällen gerade dann nicht loben, wenn Ihnen Ihr Gefühl diese Idee spontan eingibt. Die Frage ist jetzt vor allem: Was führt zu diesem angemessenen Abwägen, was liefert die Alternative gegenüber dem einseitigen linearen Denken? Die Antwort liegt in der Akzeptanz von Zielgegensätzen. Erst mit dem Gegenüberstellen von mindestens zwei unterschiedlichen Aspekten, hier Zufriedenheit und dort Leistungsverbesserung, beginnt Ihre Verantwortlichkeit, eine Führungssituation optimal zu bewältigen. Zum Beispiel: Loben Sie sparsam, sorgen Sie lieber dafür, dass Ihre Mitarbeiter auf sich selbst stolz sein können.

Missachten von Gefühlen

Wir halten uns gewöhnlich für vernünftige, sachlich argumentierende und nach Sachgesichtspunkten handelnde Wesen. Tatsächlich ist eine Lostrennung der Sachaspekte von emotionalen Verknüpfungen und Bewertungen unmöglich. Jede unserer Wahrnehmungen erhält in unserem Gehirn unmittelbar eine Gefühlsverbindung, sei es Freude, Angst, Unsicherheit usw. Daher ist es auch keine Frage, dass sich Empfindungen auf das Handeln auswirken. Solange wir unserer Gefühle bewusst sind, ist das in der Regel auch kein Problem. Schließlich definieren wir Mut auch als Überwindung von Ängsten. Wir können uns also durchaus im Gegensatz zu bestehenden Gefühlswünschen verhalten. Ganz anders aber, wenn die Gefühle in den „Hintergrund" oder „Untergrund" verdrängt wurden und ihren Einfluss unkontrolliert von dort geltend machen. Ihr erstes Einflussziel ist unsere Wahrnehmung. Denn es ist eine allgemeine Erkenntnis, dass wir unbewusst Filter zwischen unser Bewusstsein und die uns umgebende Umwelt schalten, die die Wahrnehmung beeinträchtigen oder gar entsprechend der inneren Wunschvorstellung verändern. Wir nehmen im Grundsatz wahr, was wir wahrhaben wollen. Und wir sind oft blind für die Realitäten, die in Widerspruch zu schon aufgebauten Bewusstseinsinhalten stehen. Die Kraft einmal gefestigter Überzeugungen verdeutlicht die Schwierigkeit des Umdenkens. Da Liebe bekanntermaßen blind macht, kann die Liebe zur Profession, zum eigenen Expertenwissen, zu den eigenen Standpunkten dasselbe bewirken. Die besten Spezialisten sind häufig am wenigsten innovativ. Sie werden, wenn sie nicht aufpassen, mit der Zeit zu Verteidigern ihrer Überzeugungen. Mit der Subjektivität der Wahrnehmung hat das Gefühl dann auch Kontrolle über das Verhalten gewonnen.

Daher: Den Kampf zwischen Gefühl und Objektivität gewinnt zumeist das Gefühl, und das gilt vor allem dann, wenn das Gefühl sich nicht offenbart und sich sachlichen Bewertungen nicht stellen musste.

Daher ist auch Vernunft eher eine subjektive Überzeugung. Jeder Mensch verhält sich entsprechend seiner eigenen Logik vernünftig, aber diese Logik und sein Bewusstsein können durchaus gegenüber der Realität „ver-rückt" sein.

Angst vor der Unsicherheit

Es ist eine Freude zu lernen. Das Gehirn des Kindes differenziert sich mit der Vielzahl erster und neuer Eindrücke, und nur durch Training und Anforderungen entwickeln sich dessen phantastischen Möglichkeiten. Aber: Jede neue Erkenntnis wird mit Gefühlen verbunden und gespeichert. Es spielt eine große Rolle, in welchem Zusammenhang wir zum ersten Mal einen Eindruck gewonnen haben. Meiner Frau haben als Kind Hühner sehr schmerzhaft in die Zehen gepickt – sie mag sie heute noch nicht und hat natürlich vermieden, zu ihnen eine weniger distanzierte Beziehung aufzubauen. Die bildhafte Vorstellung des Huhnes löst in diesem Fall ein bestimmtes Gefühl aus, die Erinnerung an den früheren Schmerz. Dieser vorgestellte Schmerz ist in der körperlichen Reaktion von einem echten Schmerz allenfalls in der Intensität zu unterscheiden. Er wirkt als Warnsignal und drängt uns nicht weiter zu gehen, abzulassen, zu vermeiden. Diese Automatismus funktioniert ebenso bei positiven Erfahrungen. Nur werden dann die angenehmen Empfindungen gern aufgefrischt und durch Wiederholung des Erlebnisses weiter vertieft. Wir Menschen sind geradezu süchtig nach Wiederholung von Positivgefühlen, denn die ersten Eindrücke sind stark und lassen kaum Raum für Neues. Warum ist beim anderen Geschlecht die besondere Ausprägung „genau mein Typ", warum werden Traditionen und Heimat automatisch positiv empfunden?

Beim Lernen ist sehr genau zu unterscheiden zwischen dem Neulernen und dem Umlernen. Neulernen bedeutet das Vorangehen in eine völlig neue Erfahrung, z. B. das Erlernen einer Textverarbeitung am PC. Wir wissen alle, wie groß das Erfolgserlebnis nach Überwindung der zwangsläufigen Anfangsschwierigkeiten ausfällt. Wenn wir uns aber an Einzelheiten wie eine besondere Gestaltungsform gewöhnt haben, wollen wir einen Wechsel nicht gern einsehen. Das Lernen von Erwachsenen ist daher häufig schmerzhaft, nämlich immer dann, wenn bisher Vertrautes in Frage gestellt wird, wenn Inhalte sich als falsch oder als überflüssig erweisen oder wenn Widersprüche zu anderen Überzeugungen führen. Umlernen ist daher immer ein Kampf neuer Überzeugungen gegen das Alte – und das nicht nur im Wertebewusstsein. Auch in unsere Motorik, wie beim Sport, haben sich Gewohnheiten entsprechend der Gehirnfunktion bzw. der Organisation von Nervenzellen stabilisiert. Eingeschliffene Techniken zu überwinden ist schwierig. Und es wird nicht leichter, wenn wir uns den Optimismus einreden.

Hinzu kommen die Rollenerwartungen unseres sozialen Umfeldes. Es gehört zum Männlichkeitsbild, Stärke, Selbstbewusstsein, Sicherheit zu demonstrieren. Das Training der traditionellen Gesprächsführung betont entsprechend die Überzeugungsrhetorik, mit der eine vorgefasste Meinung selbstsicher an den Mann oder die Frau gebracht werden soll. Sehr wenig Raum erhält all das, was mit Unsicherheit, Schwächen, Ängsten zu tun hat. Wenn Führungskräfte nicht gelernt haben, auch derartige Empfindungen „mannhaft" zu vertreten, dann unterbleibt der Einstieg in den gemeinsamen Such- und Klärungsprozess. Schließlich ist es immer schwierig, Unsicherheiten zuzugeben und die Zeitspanne bis zur Klärung einer offenen Frage auszuhalten. Die Leugnung dieser Gefühle bewirkt dann sofort Erstarrung und Rigidität im Verhalten, und aus ist es mit der auf Glanzpapier propagierten Lernkultur des Unternehmens, bevor es überhaupt losgehen konnte.

Die Frage ist daher, welche Erleichterungen durch die Unternehmenskultur gegeben werden müssen, um die Einbeziehung auch belastender Gefühle möglich zu machen. Lernen benötigt nun einmal auch das Infragestellen. Wenn das Infragestellen im Unternehmen möglich ist, wenn Offenheit sichtbar praktiziert wird, dann kann es ein Suchen und Lernen geben. Neue Wege können nur gefunden werden, wenn man die alten verlässt. Und viele Ansätze werden sich als Sackgassen herausstellen. Also bereiten Sie sich darauf vor, wie Sie mit Fehlschlägen und Enttäuschungen umgehen werden.

> *„Kühner als das Unbekannte zu erforschen,*
> *kann es sein, das Bekannte zu bezweifeln. "*
> (Alexander von Humboldt)

Schwarz-Weiß-Denken

Ein Mitarbeiter kommt ganz aufgelöst zum Vorgesetzten, schildert sein Problem und fragt nach einer Empfehlung. Natürlich ist es im derartigen Fall unser spontaner Wunsch, dem Mitarbeiter zu helfen – und uns nebenbei selbst ein wenig zu bestätigen. Aber Vorsicht: Was bedeutet in diesem Fall ein Helfen? Kurzzeitig erreichen wir ein gutes Gefühl, beim Mitarbeiter und ebenso bei uns selbst. Faktisch jedoch nehmen wir damit die Verantwortung ab, werden auch in Zukunft immer wieder gefragt werden und stoßen den Mitarbeiter in eine Abhängigkeit, die er uns irgendwann vorwerfen wird.

Kaum jemand wird widersprechen, wenn vor den ungewollten indirekten Wirkungen des Handelns gewarnt wird. Hilfe schafft Abhängigkeit und zerstört noch vorhandene Ressourcen, wie z. B. häufig beobachtet in Projekten der Entwicklungshilfe. Aber kann das Gute denn selbst schlecht sein? Kann Liebe schlecht sein? Offenbar müssen wir uns damit abfinden, dass es das Gute an sich nicht gibt. Die Wirkung unseres Handelns hängt immer von den Begleitumständen ab und kann damit stark variieren. Selbst die Liebe zu Kindern erfordert die Kraft zum Loslassen und zum Verzicht. Das Loslassen kostet allemal viel Überwindung, würde aber auch nur selten erreicht werden, wenn es von den Eltern allein abhinge. Die Kinder erstreiten sich ihr Recht auf Eigenständigkeit in einer oft schwierigen Konfliktphase, und die besitzt mit „Pubertät" einen bedrohlich klingenden Unterton. In dieser Phase sind Aufsässigkeit, Konflikte, Versagensgefühle das Beiwerk eines notwendigen Prozesses. Wie sehen Sie es in diesem Fall, ist der Streit schlecht oder aus anderem Blickwinkel vielleicht doch gut? Also finden wir uns damit ab: Das Gegenteil von „gut" ist „gut gemeint". Wir sollten uns vergegenwärtigen, dass wir nicht Absichten, sondern Ergebnisse verantworten.

Richtig oder falsch sind Attribute, die willkürlich vergeben werden. Nach einem Gesichtspunkt ist es löblich, sein Geld zu verschenken, nach einem andern geradezu kriminell. Da die Menschen aber Maßstäbe brauchen, um ihr Handeln zu bewerten, sind diese Maßstäbe immer in Bezug auf das System gesetzt, dem die Menschen sich gerade verpflichtet sehen. Es gibt eben das religiöse System, und das unterscheidet sich vom ökonomischen. Es gibt Kulturkreise, in denen vieles anders geregelt ist. Vor allem gibt es das System der persönlichen Bedürfnisse und in Widerstreit dazu das System des Sozialen. Alles ist so lange in Ordnung, wie ein Ausgleich zwischen den Bezugssystemen gefunden wird. Solange man die Grenzen von Bezugskreisen erkennt und sich danach richtet, z. B. bei einer Geschäftsreise nach Asien. Nun kommt jedoch ein weiterer Gesichtspunkt hinzu. Der des Wandels. Es gibt keine völlige Konstanz von Wertesystemen. Wer also dogmatisch etwas als unveränderlich richtig definiert, ohne wenn und aber, der liegt möglicherweise schon falsch oder wird es mit größter Wahrscheinlichkeit bald tun. Wer etwas als richtig definiert, muss sich vorsehen, nicht eine Brille aufzusetzen, mit der die Umwelt nach eigenem Maßstab gefiltert wahrgenommen wird. Vorurteile sind so stabil, weil sie nicht mehr überprüft werden und damit gegenteilige Erfahrungen ausgeschlossen werden. Das Gegenteil wird einfach nicht mehr wahrgenommen. Das Bewusstsein, richtig zu liegen, wird damit zu einer Gefahr für das Lernen und jegliche Entwicklung.

Ein gewisses Maß an Zweifel und Unsicherheit ist für das Überleben gesund. Sie können sicher sein, dass zu große Sicherheit zu Problemen führt. In Unternehmen gibt es übrigens einen Namen für eine Entwicklungsphase mit zu großer Sicherheit: „Aristokratische Phase". Eine Phase der Verknöcherung, der Betonung höflicher Zurückhaltung und der feinen Formen, eine Phase, die den frischen Wind des Wandels ängstlich draußen hält. Damit wendet sich der Blick. Die Fragestellung „richtig oder falsch" ist selbst in Frage zu stellen. Denn immer besitzt auch das Gegenteil richtig zu nennende Elemente. Es gibt offenbar kein unveränderliches Richtig oder Falsch, denn jede Entscheidung kann zu anderen Zeiten, von anderen Menschen, aus anderem Blickwinkel angezweifelt werden. Falsch ist auf jeden Fall der Anspruch absoluter Richtigkeit: Richtig ist falsch, wenn es das Einzige ist.

Erkenntnisfallen in der Führungspraxis

Einstimmung: Wie man mit gut gemeinten Absichten und Bemühen schlechte Ergebnisse bewirkt

In diesem Kapitel geht es um Ihr Selbstbild als Führungskraft. Wir wissen alle, dass der Spaß in der Regel dort aufhört, wo Leistung dargestellt und bewertet werden soll. Lassen Sie sich dennoch darauf ein, die eigenen Sichtweisen und das Führungsverständnis in Frage zu stellen und neu zu überarbeiten. Sie verlieren dann eine möglicherweise fragwürdige Fassaden-Sicherheit, gewinnen dafür aber an Unverkrampftheit und echter, nach außen wirkender Selbstakzeptanz.

Führung im Unternehmen ist eine vertrackte Angelegenheit. Denn wie Sie es auch immer wenden, im Prinzip führen Sie falsch. Entweder Sie setzen auf Vertrauen, geben der Teamarbeit breiten Raum, oder Sie erscheinen vor Ort, kümmern sich intensiv und geben Orientierungen und Hilfestellungen. Beides kann gleichermaßen schädlich sein. Auch im Führungsbereich werden wie überall sonst die meisten Fehler aus Engagement und gutem Willen gemacht. Wenn Sie sich dabei auf Gefühl und Spontaneität verlassen, dann sind Sie in der Regel verloren.

Die Antwort auf die so provozierende Frage: Sind Sie mit sich als Führungskraft zufrieden? lautet dann in der Regel: Ja, aber nicht so ganz mit den Ergebnissen ...

Natürlich möchte ich Ihnen weiterhelfen. Dazu muss ich aber zuerst einen Umweg gehen und Ihnen die wichtigsten der Fallstricke im Führen aufzeigen. Womöglich stellen Sie dann die Frage, welche andere, bessere Führungsform Sie wählen sollten. Schließlich bieten sich ja viele Varianten mit wohlklingenden Namen und auch sehr nützlichen Elementen an. Der Punkt ist aber, dass Sie kaum weiter kommen, solange Ihre Gedanken um das eigene Verhalten kreisen. Es geht nicht um Sie und auch nicht um Fehlerfreiheit, es geht um das Unternehmen, um Ihre Mitarbeiter und darum, wie deren Ergebnisse verbessert werden können. Der Unterschied dieser Blickrichtungen führt zu weitreichenden Konsequenzen. Aber davon mehr im Kapitel über Indirektes Führen.

Die Kehrseite des Helfens

Wir alle haben wahrscheinlich viele Erfahrungen mit den Negativfolgen des Helfens erlebt. Das gilt im privaten Rahmen, im Wirtschaftsbereich mit Subventionen bis hin zur Wirkung staatlicher Sozialsysteme. Helfen hat die Tendenz, das Bewusstsein der Hilfeempfänger zu korrumpieren, und es führt leicht zu einer Anspruchsmentalität. Eine gewichtige Kehrseite des Helfens ist die Abhängigkeit. Das erste Mal erzeugt Erleichterung und Dankbarkeit, ab dem zweiten Mal besteht schon ein Anspruch – und unterschwellig ein Vorwurf. Helfen in einer sinnvollen Form muss daher immer auf eine Veränderung der Ausgangssituation hinauslaufen. Im Ideal auf eine Aufhebung der Notwendigkeit für diese Hilfe.

Zurück zu unserem Mitarbeiterbeispiel: Bei der ersten Hilfe ist der Mitarbeiter erleichtert, aber er hat jetzt einen neuen Weg der Problemlösung gelernt. Beim Wiederauftauchen eines Problems erscheint er prompt wieder beim Vorgesetzten, jetzt aber mit einer schon leicht veränderten Erwartungshaltung. Er wird den Vorgesetzten in die Pflicht nehmen und von ihm die Hilfeleistung beanspruchen. Und er wird sich beklagen, wenn der nicht so schnell wie erwartet seine Pflicht erfüllt. Damit hat sich dann die Richtung des Forderns umgekehrt. Der Mitarbeiter fordert und mahnt an, „Sie hatten mir doch zugesagt, ich komme jetzt nicht weiter ..."

Im Betrieb werden ebenso die Verhältnisse zu leicht auf den Kopf gestellt. Denn eigentlich sollte der Vorgesetzte den Mitarbeiter in der Erfüllung dessen Aufgaben unterstützen, sie ihm aber nicht abnehmen. Außerdem wird er sehr häufig, wenn er längere Zeit Vorgesetzter war, die Details gar nicht mehr ausreichend beherrschen. Das Dilettieren im fremden Spezialgebiet verbietet sich sowieso, erst recht dem, der nicht selbst auf diesem Gebiet Fachmann war. Passen Sie also sehr gut auf, wenn jemand Sie um Hilfe in seiner Arbeit bittet. Will er Ihnen die Arbeit zuschieben? Will er seine Verantwortung loswerden? Wie schaffen Sie es stattdessen, den Mitarbeiter so einzubinden, dass er das Richtige tut, dazulernt und in Zukunft sicherer wird?

Es gibt keine Alternative zum „Prinzip Selbstverantwortung". Jeder sollte für seine Arbeitsergebnisse selbst verantwortlich bleiben, und das beizubehalten ist im Übrigen das erfolgreichste Motivationsmittel. Ihre Verantwortung als Führungskraft ist das Führen, nicht das Aneignen von Verantwortlichkeiten eines anderen. Sie sollten also stufenweise Ihre Hilfe reduzieren und das von vornherein auch so festlegen. Mein Tipp: Bevor Sie einen Rat erteilen, fragen Sie nach der vorhandenen Idee, helfen Sie, diese Idee im Für und Wider abzuwägen. Ich weiß, es macht Spaß, gebraucht zu werden, aber bedenken Sie die Kehrseite.

Bitte setzen Sie sich nicht unnötig unter Anspruchsstress. Denken Sie an Unternehmensberater oder Moderatoren. Sie können sehr wohl den Mitarbeitern helfen, eine Lösung selbst zu finden, oder Sie können die notwendigen Klärungen und Entscheidungen organisieren helfen. Es gibt den Weg, in die Rolle des „Coach" hineinzuwachsen. Dieses andere Führungsverständnis macht deutlich, auf welche Form der Hilfe Sie sich beschränken können und vor allem, Sie werden die Mitarbeiter in ihrem Selbstwertgefühl stärken.

Helfen ist nicht Abnehmen!

Wenn Sie vor allem Fehler vermeiden wollen

Ein „Fehler" unterscheidet sich in der Theorie nicht von einem allgemeinen, völlig normalen Problem. Er ist ebenfalls ein als unangenehm empfundener Widerspruch zwischen Wunsch und Wirklichkeit. Allerdings kommt in der Praxiserfahrung meist eine gewichtige Qualität hinzu, meist in Form der Frage: Wer war das? Ein Fehler wird gewöhnlich Personen zugeschrieben, und es wird vorwurfsvoll unterstellt, dass diese das Vorkommnis hätten verhindern können, das heißt, dass diese ihre Verantwortlichkeit verletzt haben. Ein Fehler ist also doppelt unangenehm: Wir haben ein Problem – und es wird jemand beschuldigt! Kein Wunder also, dass im Organisationssystem das Bestreben ganz obenan steht, keine Fehler verantworten zu müssen. Und je größer der Problemdruck im Unternehmen überhaupt schon besteht, umso abschreckender ist die Behandlung einzelner Bloßgestellter, die für das System als Sündenböcke Entlastung liefern.

Ein Unternehmen, das vor allem Fehler vermeiden will, steht kurz vor dem Aus. Warum? Natürlich ist die Fehlervermeidung ein wichtiges Ziel und „Null-Fehler-Qualität" eine vernünftig klingende Vision. Aber wir müssen die Ängste der Menschen berücksichtigen. Es ist eine der größten Strafen, innerhalb der eigenen Gruppe bloßgestellt zu werden und an Achtung einzubüßen. Also sollte man differenzieren und den Begriff Fehler bearbeiten.

Ich behaupte, Fehler müssen sein! Denn ein innovatives Unternehmen muss Neues probieren, experimentieren, kalkulierte Risiken eingehen. Nur eine Minderzahl von Neuprodukten werden Renner, ein Großteil wird schnell wieder vom Markt genommen. Ein Unternehmen, das auf Innovation Wert legt, muss seine Wertekultur entsprechend anpassen. „Fehler machen dürfen", heißt es in den Arbeitsprinzipien von Hewlett-Packard-Deutschland. Mit der mündlichen Ergänzung, allerdings „nur einmal".

Es hat allergrößte Bedeutung, dass Führungskräfte an diesem zentralen Begriff die grundlegenden Werte des Unternehmens konkret erlebbar machen. Die Führungskräfte vor Ort prägen unabhängig von allen offiziellen Verlautbarungen das Wertempfinden der Mitarbeiter. Sie sollten eine vorhandene Kultur der „Fehlervermeidung" nicht akzeptieren, sondern sehr zielgerichtet eine auf Ermutigung ausgerichtete „Lernkultur" formulieren und erlebbar machen. Vor allem durch das eigene Verhalten und Vorbild. Wer immer nur ängstlich und misstrauisch auf die persönliche Absicherung setzt, wird dem Unternehmen kurzfristig saubere Zahlen liefern, längerfristig aber Stagnation erreichen. Wenn 80 Prozent Ihrer Entscheidungen im Nachhinein richtig waren, dann ist es optimal, 100 Prozent wären schlechter.

*Fehler und Schuld sind
völlig unterschiedliche Dinge!*

Falsche Rücksichtnahmen

Ein Unternehmen ist ein soziales System, was immer zu einer Vermengung von Arbeitsbeziehungen mit persönlichen Kontakten führt. In jedem Unternehmen menschelt es gewaltig, und das ist ja auch in positiver Ausprägung gewollt, z. B. als Leistung fördernder Teamgeist, während die Destruktivität des Mobbings gefürchtet werden muss. Die funktionale Seite der Arbeitskontakte wird vermengt mit unterschiedlichsten Beziehungserwartungen und Beziehungserfahrungen. Grundsätzlich scheint der Mechanismus zu funktionieren, dass Sympathie zu einer Person mit der Häufigkeit positiv erlebter gemeinsamer Erfahrungen und der Intensität des Kennens wächst. Mit der Zeit entwickelt damit jedes kleine soziale System mit positiv erlebten, intensiven Kontakten eine gewisse Familienähnlichkeit. Das ist sicher sehr angenehm unter den Aspekten Geborgenheit und Vertrauen.

Eine Familie ist aber, um bei diesem Bild zu bleiben, vor allem durch die Unumkehrbarkeit ausgezeichnet. Wir haben unsere Eltern nicht aussuchen können und sind regelrecht zur Liebe verurteilt, selbst bei schlimmen Verfehlungen dieser Eltern. Wir sollten also vorsichtig sein mit der Subtilität des Familienbildes. Im Unternehmen ist der gegenseitige Vertrag selbstverantwortlicher Menschen Basis der Arbeitsbeziehungen. Liebe zueinander kann, muss sich aber nicht entwickeln, und darf schon gar nicht Anspruch werden. Sehen wir uns stattdessen an, was in der Alltäglichkeit der Vorgesetzten-Mitarbeiter-Beziehung geschieht. Die intensive gemeinsame Arbeitserfahrung schafft nicht nur Erfahrungen, sondern prägt daraus abgeleitet Erwartungen für die Zukunft. Jede Abweichung vom vertrauten Muster, ob mit positiv oder negativen Gefühlen belegt, wird irritieren und Abwehr bewirken. Daher das Misstrauen, wenn eine Führungskraft nach einem Seminarbesuch plötzlich Lob austeilt, oder die Probleme der Person, die aus einem Team heraus Vorgesetzte der ehemaligen Kollegen wird. Die Führungsrolle wird dann besonders schmerzhaft erlebt als Distanzrolle, denn der Anspruch des Führens weist über den Horizont des Teilsystems hinaus und missachtet die Bedürfnisse der Mitarbeiter, die auf Konstanz oder Harmonie ausgerichtet sind. Vorgesetzte müssen diesen konflikthaft erlebten Zwiespalt durchstehen können. Sie müssen es ertragen, mit dem zeitweiligen „Liebesentzug" der Mitarbeiter zu leben. Wenn sie aber davon abhängig sind, ihre Bestätigung aus den emotionalen Zuwendungen, den Streicheleinheiten der Mitarbeit zu ziehen, dann werden sie vor dieser Negativseite ihrer Führungsverantwortung zurückschrecken. In der Praxis muss man feststellen, dass nicht alle Führungskräfte tatsächlich führen. Sie versuchen stattdessen oft, persönliche Kontaktbedürfnisse in den Arbeitsbeziehungen zu verwirklichen und nehmen in unangebrachter Form Rücksichten auf die Bedürfnisse der Mitarbeiter.

Denken Sie immer daran: Führen ist Verändern. Und sehr, sehr selten beklagen sich Mitarbeiter, weil sie zu wenig Veränderungen erleben. Führungskunst ist vielmehr, den Veränderungsdruck richtig zu dosieren und die Mitarbeiter dazu zu bringen, die notwendigen Veränderungen zu bewältigen. Kurzfristig gesehen machen Sie Druck und tun damit weh. Längerfristig gesehen ermöglichen Sie aber den Erhalt des Arbeitsplatzes und schaffen die Befriedigung über die gelungene Weiterentwicklung. Diese Diskrepanz müssen Sie allein ertragen. Rücksichtnahmen sind meist bequemer, und sie ersparen Ihnen Widerstände – vorerst.

Wenn Vertrauen und Delegation zu gut funktionieren

Führung ist eine Aufgabe, die mit einem Widerspruch lebt. Einerseits ist das Bezugssystem wohlgeordnet mit festen Regeln und Abläufen, andererseits beziehen sich die Erwartungen des Managements auf das Initiieren und Bewältigen von Veränderungen. Sie sind einerseits gefordert, für Konstanz und Berechenbarkeit zu sorgen, andererseits gerade das in Frage zu stellen. Im englischen Sprachraum wird folgerichtig zwischen zwei Funktionen unterschieden. Managen = Organisieren, planen. Leadership = Anstoßen, für Neues gewinnen. Es wird häufig beklagt, dass Firmen „overmanaged" und „underled" sind. In der Alltagswirklichkeit verfliegt jedoch häufig der vollmundig propagierte Traum von „Visionen" und vom „kreativen Zerstören". Jede Veränderung wird im Alltagsstress als zusätzliche und dabei unnötige Störung erlebt und entsprechend kritisch kommentiert. Derjenige Mitarbeiter, der sich in das feststehende Schema einpasst, möglichst wenig Reibungspunkte zeigt und „unauffällig" arbeitet, sollte, so könnte es folgerichtig ja erwartet werden, eine besonders positive Rückmeldung von den Vorgesetzten erfahren. Dass es in der Realität dann doch wieder nicht so ist, liegt an den Mechanismen der Delegation.

Natürlich geht es im Arbeitsalltag immer in erster Linie um Effizienz. Möglichst viele Ziele sollten mit dem geringst möglichen Aufwand erreicht werden. Alles, was als Neues angesehen wird, erhält ein besonderes Augenmerk, während wiederholte Abläufe möglichst wenig Beachtung erfahren. Folgerichtig ist das höchste Ziel der Mitarbeiterentwicklung die Erreichung der Delegationsstufe. In einer Vielzahl von Führungsseminaren wurde der einzelnen Führungskraft beigebracht, diese Stufe durch systematische Qualifizierung zu ermöglichen – und sich gegenüber Rückdelegation zu wappnen, denn dann würde ja die Führungskraft die vorher übertragene Verantwortung wieder zurücknehmen. Das alles ist funktionell und sicher auch im Interesse des Mitarbeiters. Aber auch hier gilt, es gibt ein Zuviel des Guten. Denn in der Wunschvorstellung von Delegation funktioniert der Mitarbeiter in seinem Verantwortungsfeld nahezu reibungslos, es gibt keine Probleme und daher auch nicht die Notwendigkeit der Einflussnahme. Für den Mitarbeiter besteht ebenfalls nicht die Notwendigkeit des Infragestellens. Wunderbar für den Vorgesetzen, neben die Arbeitsentlastung tritt sogar noch die Selbstmotivation des Mitarbeiters, denn er hat ja, nach der Theorie, genügend Erfolgsbeweise in seiner Tätigkeit.

Wenn Ihr Führungsbereich wohlorganisiert ist, die Mitarbeiter kompetent und motiviert sind und alles mehr oder weniger reibungslos läuft, dann sollten Sie genauer auf Ihre Mitarbeiter blicken. Wie geht es denen? Mit welchen dieser Mitarbeitern beschäftigen Sie sich vor allem? Wer von ihnen erhält Anerkennung für seine Leistung, wer von ihnen wird weiter gefördert. Nach klassischen Führungstheorien ist die Krönung der Methode die Stufe „Delegation". Der Nachteil ist sicherlich Isolation und Stagnation, selbst in Arbeitsumgebungen, die auf Teamarbeit mit Großraum ausgerichtet sind. Denn es klappt ja alles, und es bleiben wenig Gründe, sich mit diesen Mitarbeitern intensiver zu beschäftigen. Und diese Reaktionen werden stabilisiert durch Verhaltensregeln, die wir ja fast alle in unserer Kindheit gelernt haben: Sei höflich, sei verlässlich, vermeide vorlautes Hervortun, tu deine Pflicht etc.

Machen Sie sich bitte klar, mit welchen Mitarbeitern Sie sich intensiver beschäftigen. Sind es nur die, die mit neuen Projekten betraut wurden oder die, die Schwierigkeiten machen. Vor allem die Mitarbeiter, die kompetent zuarbeiten, die Kalkulationen machen, Konstruktionszeichnungen fertigen usw., diese Mitarbeiter, die nach Plan arbeiten und funktionieren, sind am ehesten gefährdet, Motivationsdefizite zu erreichen. Die Kehrseite von Planmäßigkeit ist Langeweile und Desintegration. Dabei liegt bei diesen Mitarbeitern ein ungleich größeres Potenzial für Entwicklungen als bei den Problemkandidaten. Was sollen also die vielen Kritikgespräche? Führen Sie Fördergespräche und Zielklärungen – mit allen!

Passen Sie auf, dass Sie es sich nicht gerade mit Ihren Leistungsträgern verscherzen. Vielleicht kommen Sie bei diesen Überlegungen ja zu der Erkenntnis, dass ein gewissen Maß an gemeinsamen Problemen sehr motivierend ist ...

Ausspruch eines Managers:
Wenn wir lange nicht mehr aus
wichtigem Grund umstrukturiert haben,
dann ist das ein wichtiger Grund!

Zweite Regel: Wir konstruieren zusätzliche Positionen und suchen die passenden Begründungen, denn neue Erkenntnisse kommen nicht von allein

Das Teufelchen fragt: „Und welche Möglichkeiten gibt es noch?"

Wo immer wir mit unseren Ideen und Lösungen ankommen, ist das Teufelchen schon wieder weiter. Es bringt uns darauf, uns nicht mit dem Wettstreit von einzelnen Alternativen zu begnügen. Ohne Alternativen gibt es keinen Fortschritt, aber mit begrenzten Alternativen beginnt oft die Blickverengung oder der Selbstbetrug; im Extrem nutzt man Scheinalternativen. Hier geht es also darum, mit dem Suchen nach Möglichkeiten nicht zu früh Halt zu machen. Das Teufelchen ist der wichtige Ansporn, immer auch Umkehrungen, Kombinationen oder auch Verlagerungen auf völlig andere Blickwinkel zu probieren. Diese zusätzlichen Erkenntnisse schaffen eine weitere Relativität von Sicherheit. Denn es gibt offenbar immer noch ein Anderes.

Durch die Einführung der Gegenposition haben wir einen wesentlichen Schritt im Erkenntnismanagement vollzogen: die Einführung des echten Dialogs. Und damit ein Sich-Öffnen für gegenteilige Sichtweisen und echtes Weiterentwickeln von Ideen, Sichtweisen und letztlich sogar der eigenen Person.

Dieser Dialog muss keineswegs immer in der Realität verschiedener Personen geführt werden. Er funktioniert ebenso gut als innerer Dialog, in dem wir ein positionswechselndes Selbstgespräch führen. Die Fragen: Was spricht dagegen?, Was könnte schief gehen? sind unverzichtbare Bausteine der Selbstüberprüfung. Mit dem vorgestellten Meinungsgegner haben wir damit in unserem Kopf ein „Inneres Team" aufgestellt, und nichts zwingt uns, dieses Team auf zwei Protagonisten zu beschränken.

Wenn wir das Bemühen um Weiterentwicklung umfassender versinnbildlichen, dann gibt es auch in unserm Kopf verschiedene personifizierbare Protagonisten, z. B. den „Sucher", den „Gestalter", den „Bewahrer", den „Zauderer" usw. Wir können davon ausgehen, dass diese Positionen immer eine Rolle spielen, wenn schwierige Entscheidungen zu treffen sind. Möglicherweise überrascht uns das und wir hören die Stimmen nicht. Kaum aber, weil sie nicht existent sind. Vielleicht, weil wir die Vertreter verschiedener Sichtweisen unterschiedlich intensiv anhören oder einzelnen einfach das Wort verboten haben. Auf der anderen Seite hat man gelegentlich den Eindruck, dass die inneren Stimmen ungeordnet durcheinander sprechen. Häufiger werden wir erleben, dass zwei dieser Protagonisten aneinander geraten und jetzt ein intensives Zweiergespräch führen, sodass alle weiteren Gesichtspunkte an den Rand des Bewusstseins gedrängt werden.

Hier müssen wir einer ganz bedeutenden Gefahr begegnen. Denn mit Recht sind wir überzeugt, mit der Einführung des Dialog-Prinzips einen grundlegenden Fortschritt errungen zu haben. Wir sind nicht mehr blind gläubig, sondern wir setzen uns auseinander und sind also, geistig gesehen, endlich mündig geworden. Die Befriedigung hierüber ist verständlich, muss aber noch gebremst werden. Denn wir wollen Engstirnigkeit schließlich nicht lediglich um eine Stufe zurückdrängen, sondern möglichst ganz aufheben. Die Polarität zweier Gegensätze hat ihrerseits einen Absolutheitsanspruch, der weitere Gesichtspunkte ausschließt. Die Polarität zweier Gegenpositionen konzentriert Aufmerksamkeit und drängt auf Entscheidung. Sie suggeriert auch noch, sehr wichtige und verdienstvolle geistige Arbeit zu leisten. Das mag alles stimmen, muss aber nicht gelten. Denn es könnte sein, dass das Wesentliche auch durch diese zwei Positionen nicht erfasst wird, also außen liegt.

Die Erfahrung mit Kommunikation in Unternehmen ist dem gemäß auch nicht das Fehlen von Auseinandersetzungen und Gesprächen. Auch in Problemfirmen werden Besprechungen durchgeführt, und es wird sehr engagiert über Gegensätze gestritten. Aber das sind dann häufig Debatten über Dinge, deren Gewicht in dieser Situation von Außenstehenden in Frage gestellt wird. Wenn es heißt, wir führen offene Auseinandersetzungen, gleichzeitig aber einzelne Fragebereiche grundsätzlich ausgespart oder konsequent vernachlässigt werden, dann hat das Unternehmen ein gravierendes Kommunikationsproblem. Die Bezeichnung „Scheinkommunikation" steht entsprechend für das Gefühl, dass etwas Unausgesprochenes im Raum lastet, aber nicht zu Wort kommt.

Zurück zum Inneren Team: Auch für das nur in der Vorstellung existierende Gespräch verschiedener Protagonisten ist entscheidend, dass Vielfalt in den Ausrichtungen geschaffen wird. Wir müssen auch hierfür zu unserer Führungsverantwortung stehen und quasi mentaler Moderator sein. D. h. nicht einfach warten, welche Äußerungen uns überraschen werden, sondern aktiv eingreifen, fragen und Sichtweisen erweitern lassen. Vor allem müssen wir das Innere Team bremsen und verhindern, zu früh in Detailgeplänkel überzugehen. Wir müssen der Gefahr begegnen, dass zwei konträre Gegensätze sich ineinander verhaken und das Gespräch dominieren. Wir müssen akzeptieren, dass zwei Ideen weit besser sind als nur eine, aber dennoch beide schief liegen können. Die wichtige Frage des Teufelchens: Und was noch? soll jegliche Selbstbegrenzung verhindern. Wie bei der allgemeinen Brainstorming-Regel, die Grundlage aller Kreativtechniken: keine Kritik in der Phase Ideensammlung, muss die Auseinandersetzung zwischen einzelnen Ideen zunächst verhindert werden. Die Bewertung und Entscheidung kommt erst dann, wenn alle methodischen Suchhilfen ausgeschöpft wurden.

Das Teufelchen hilft uns damit, niemals nachzulassen beim Blick über den Tellerrand. Denn Bedrohungen und Erneuerungen kommen für jedes System, insbesondere für in sich gefestigte Unternehmen, gleichermaßen fast immer von außen.

Die Tatsache, dass es nicht eine Wahrheit gibt, sondern eine weitere Sichtweise, die ebenso Gültigkeit beansprucht, ist ein Schritt zum Erkennen von Wissensgrenzen. Selbstverständlich ist gerade diese Erkenntnis der eigenen Grenzen ein wichtiges, aber schwieriges Element der persönlichen Weiterentwicklung. Für die dabei zwangsläufige Annäherung an das eigene Nichtwissen gibt es zwei Wege:

1. Mit der Anzahl der Alternativen wächst deren Relativität. Wir entfernen uns immer mehr davon, etwas als allgemein gültig, endgültig wahrzunehmen.

2. Ein Thema, eine Denkschule, ein methodisches Gerüst werden wir als Beschreibungen und Erklärungen einer Situation aus besonderen Blickwinkeln verstehen – und die Vor- und Nachteile der dabei vollzogenen Informationsfilterungen berücksichtigen.

Diese Denkansätze wenden sich gegen Absolutheitsansprüche, auch bei uns selbst. Das Einlassen auf die Existenz des anderen ist automatisch eine Relativierung unseres eigenen Wissens. Wir erkennen, dass es immer ein Jenseits unserer Denkgrenzen gibt. Daher kann in der Konsequenz nicht die bedingungslose Durchsetzung unserer Art des Wissens angestrebt werden, d. h. die Abwertung der Vorstellungen der anderen, sondern vielmehr das Lernen, mit Vielfältigkeit und den Vertretern der anderen Standpunkte in einer Form umzugehen, die die eigene Bereicherung möglich macht. Wenn z. B. Teamarbeit nur Sinn macht, solange es auch andere Vorstellungen gibt, dann ist das Lernziel zunächst Toleranz, dann eine Methode zur Konstruktion gemeinsamer Fortschritte, vielleicht die Vereinbarung, das Experimentieren und Beobachten mehr zu werten als Glaubenssätze.

Viel ist schon gewonnen, wenn die Fehlerquellen aus einseitigem Denken, d. h. Tabuisierungen, Vertuschungen und Selbstsuggestion reduziert werden. Es wird zwar immer positiv von den Segnungen der Kreativität gesprochen, aber sehr wenige Menschen und Teams haben Kreativität in Reinform tatsächlich entwickeln können. Denn das bedeutet letztlich das Sich-Lösen von Vorurteilen und Festlegungen. Fortschritte sind am ehesten in der Teamarbeit möglich. Und die beste Zwischenstufe ist die Selbstverpflichtung für die Suche nach mindestens einer weiteren Idee: Es geht immer auch anders!

Bemerkungen über das Führen von Teams

Die Einführung von Teamarbeit hat zweifellos sehr positive Seiten. Sie erleichtert eine Informationsverbreitung, die sonst mehrfach im Einzelgespräch erfolgen müsste. Sie schafft eine neue Qualität von Verantwortung, die notwendig auf ein Ergebnis und nicht mehr auf eine parzellierte Einzeltätigkeit ausgerichtet ist. Vor allem sehen wir die Chance zu einem Mehr an Ergebnissen. Diese zusätzlichen Möglichkeiten sind unter der Bezeichnung Synergie häufig auch Leitmotiv einer dann doch gescheiterten Firmenehe. Die Teamarbeit schafft zusätzliche Möglichkeiten, aber auch zusätzliche Schwierigkeiten. Bitte vergessen Sie nie, dass das Thema Gruppe in den Anfängen der Industriesoziologie der 30er Jahre negativ belegt war. Es interessierte zunächst, wie es zu Leistungsverweigerungen und spontanen Widerständen kommen konnte. Erst im Zuge der Forschungen wurde deutlich, dass das Einwirken auf soziale Wirkungsmechanismen auch Mittel zur besseren Erreichung gewünschter Ziele werden kann.

Glauben Sie nur nicht, dass „Team" ein per se positiver Begriff ist. Ein Team ist eine Ansammlung von Einzelnen, denen die Erbringung eines komplexen Zieles abverlangt wird, eines Zieles, das ein Einzelner allein nicht erreichen kann. Die Tatsache der Teamarbeit sichert damit noch keine Motivation. Wovon Sie aber ausgehen können, ist die Existenz der Gruppe und damit die Existenz von Austauschhandlungen, eines Beziehungsgeflechtes und von gemeinsamen Werten und Erwartungen. Ein Team funktioniert immer als Gefühlsverstärker, unabhängig von der Richtung dieser Gefühle. Durch die intensivere Kommunikation entsteht der Antrieb zu einem Gruppenkonsens, und was liegt näher, als dass das eigene Gruppeninteresse eher Berücksichtigung findet als das fernere Unternehmensinteresse.

Wenn Sie also Teams einrichten und ihnen Freiräume geben, über Verbesserungsmöglichkeiten nachzudenken – möglicherweise haben Sie eindrucksvolle Beispiele für Verbesserungen durch Qualitätsgruppen im Hinterkopf – dann müssen Sie aufpassen, über den Weg verstärkter Erwartungen und Ansprüche nicht eher Gegnerschaft und Unzufriedenheit zu stärken. Denn es ist einfach so, dass der Gegensatz zwischen einem Oben und Unten in den Köpfen der meisten Mitarbeiter vorhanden ist. Viele Mitarbeiter sehen allen Grund, vermeintliche Benachteiligungen zu reduzieren. Wundern Sie sich also nicht, wenn die frei erarbeiteten Verbesserungsansätze anstelle der erhofften Material- oder Strukturoptimierungen Forderungen für die Urlaubsregelung oder in Gehaltsfragen betreffen. Natürlich kann ich diese Warnung nicht pauschal formulieren, und es muss betont werden, dass Teamarbeit großartige Potenziale bietet. Aber wenn Sie Teamarbeit einführen möchten oder die Absicht haben, Gruppenarbeitstechniken zu nutzen, dann machen Sie sich besser rechtzeitig klar, was die Teamarbeit nicht sein soll. Und sorgen Sie unbedingt dafür, dass die Mitarbeiter und Führungskräfte das auch wissen. Nur zu leicht entstehen Missverständnis aufgrund unterschiedlicher Interpretationen:

> *Teamarbeit ist nicht:*
> *– Abschaffung von Hierarchie*
> *– ein Mittel zur Humanisierung der Arbeitswelt*
> *– Entlastung der Führungskraft*

Der erste Irrtum: Das Team ist verantwortlich

Dem Team wird ja auch gemeinsam eine Aufgabe gegeben, und das Team hat die Erreichung des Zieles zugesagt. Aber was heißt Verantwortlichkeit eines Teams? Es bedeutet schließlich, dass zwei oder mehr Personen verantwortlich sind. Und wenn das Ziel nicht erreicht wurde, mit wem sprechen Sie dann? Erfahrungsgemäß ist es für Mitarbeiter umso einfacher, eine Entschuldigung, eine Rechtfertigung oder ganz einfach Unbeteiligtheit vorzuschieben, je mehr Personen beteiligt waren. Es ist zu leicht, dem oder den anderen einen Fehler zuzuweisen, und damit ist man dann aus dem Schneider. Glauben Sie an die Generalregel: Wenn zwei verantwortlich sind, ist es keiner!

Klären Sie immer, wer ist Projektverantwortlicher, wer ist Kümmerer, oder bleiben Sie so lange aktiv, bis die einzelnen Arbeitspakete des Teamprojektes an einzelne Teammitglieder verantwortlich zugeteilt wurden. Ihre Führungsverantwortung besteht darin, für ein System zu sorgen, das nach menschlichem Ermessen ein gewünschtes

Resultat bringen wird. Erst wenn das klar ist, können Sie sich zurückziehen. Delegation ist generell die Aufgabe und die Verantwortung als Paket. Adressieren Sie die einzelnen Pakete. Wenn ein Ziel verfehlt wurde und das Team eine Lösung nicht selbst finden konnte, dann sollten Sie ein Einzelgespräch führen können.

Der zweite Irrtum: Mehrheitsentscheidungen sind besser

Wir kennen das aus dem Grundprinzip der Demokratie. Nach Für- und Gegenrede, nach dem Hören aller Fachleute und Interessenträger, nach dem Ausloten aller Risiken wird eine gemeinsam getroffene Entscheidung sicherer. Es ist eine sehr wichtige Absicherung auch Ihrer Entscheidungen, mit dem Team über Zusammenhänge und mögliche Risiken zu sprechen. Viele Augen sehen viel. Aber nicht die Zahl von Redenden ist entscheidend, sondern die Vielzahl von Gesichtspunkten. Wenn in einem Team alle dasselbe sagen, kann schlechthin nicht von Teamarbeit gesprochen werden. Das vergessen übrigens vor allem Vorgesetzte, die ihre Idee vorbringen und das Ausbleiben von Widerspruch als Bestätigung missverstehen. Die zweite Einschränkung ist das Gesichtsfeld der Teammitglieder. Wenn Sie z. B. mit einem Produktionsteam über den Kauf einer neuen Maschine sprechen, dann werden Aspekte der Technik oder der Ablaufoptimierung eine Rolle spielen. Dennoch gibt es ja auch noch andere Faktoren, nicht zuletzt die Hinweise der Kaufleute, die möglicherweise zu einer vom Teamvotum abweichenden Entscheidung führen. Sie dürfen die Entscheidung nur in einem vorher ausdrücklich eingegrenzten Bereich dem Team überlassen. Zum Beispiel bei der Urlaubsplanung werden Sie die Rahmenanforderungen klären und in diesem Rahmen die Entscheidung des Teams akzeptieren. Sie haben damit ihre Entscheidungsverantwortung in einem Einzelfall weitergegeben. Aber das hat seine Parallele zur normalen Delegation. Ihre Verantwortung für das Gelingen eines Vorgehens bleibt bestehen. Wichtig ist allerdings, Ihre Entscheidung angemessen zu erläutern.

Der dritte Irrtum: Entlastung für die Führungskraft

Im Sportbereich käme kaum jemand auf die Idee, dass der Trainer einer Fußballmannschaft es leichter habe als der eines Hochspringers. Ganz offensichtlich kommen neben den Besonderheiten der Einzelnen in einer Mannschaft auch die Auswirkungen von deren Miteinander dazu. Eine Ansammlung von Spitzenspielern ergibt noch lange keine erfolgreiche Mannschaft und im Unternehmen gilt das genauso. Viele Führungskräfte hören nur zu gern den Auftrag, nicht mehr so direkt zu führen, wie es früher üblich war, sich stärker zurückzuhalten und dem Team Spielräume zu geben. Das alles vor dem Hintergrund einer ungleich größeren Arbeitsanforderung. Das Team wird bei der Zielbenennung dann auch gern bestätigen, dass es das schon schaffen werde.

Natürlich hat jedes Team das Bestreben, vom Vorgesetzten möglichst in Ruhe gelassen zu werden. Jedenfalls solange die Leistungen akzeptabel erscheinen und die eigene Situation nicht bedroht ist. Obwohl die Kenntnis der eigenen Leistungsstufe und des Wettbewerbsdruckes im Sportbereich noch sehr viel direkter ist, sehen wir auch dort, dass die Fähigkeit zur Selbstkritik bei Teamplayern häufig nur gering ausgeprägt ist. Wenn die Mannschaft desolat gespielt hat, wird von der eigenen Schwäche eben lieber auf vermeintliche Fehler des Trainers abgelenkt. Man hört dann die Meinung von Teammitgliedern, dass es ohne Coach doch auch oder sogar besser gehen würde. Aber haben Sie schon erlebt, dass man im professionellen Bereich ein Team ganz ohne Coach gewähren ließe? Die Führungsinstanz von außen wird immer die Arbeitsziele vorgeben und Leistungsmaßstäbe definieren. Und sie wird der Eigengestaltung Grenzen setzen.

Die Führungsaufgabe ist in einer Teamorganisation mit Sicherheit nicht leichter, sondern wurde um den Aspekt Gruppe erweitert. Der Vorgesetzte muss weiterhin dafür sorgen, dass die gemeinsame Arbeit in die richtige Richtung geht. Natürlich muss er auch für die neuen Formen der Zusammenarbeit qualifizieren. Schließlich wird die Führungskraft den Arbeitsprozess selbst im Auge behalten, um rechtzeitig intervenieren zu können. Die Kontrolle erfolgt zunächst durch persönliche Anwesenheit und ist damit eher eine Verhaltenskontrolle. Wichtig ist aber von Beginn an, diese Art von Kontrolle zurückzunehmen und immer stärker eine Ergebniskontrolle durch Kennzahlen zu betonen, denn die kann ebenfalls für die Selbstkontrolle der Mitarbeiter selbst herangezogen werden. Immer aber ist die Führungskraft mental bei der Sache, auch ohne direkt einzugreifen. Ganz ähnlich wie der Moderator einer Besprechung, von dem hinterher gesagt wird, man habe ihn ja eigentlich nicht gebraucht. Wer weiß?

Bitte führen Sie sich in diesem Zusammenhang vor Augen, dass wir alle wahrscheinlich ein Problem mit dem Wörtchen „Kontrolle" besitzen. Das englische „Controlling" meint dagegen eher die vorausschauende Planungshilfe. Aber auch die funktioniert nun einmal nicht ohne ein genaues Hinsehen, und daher ist ein Coach ohne ein kritisches Hinsehen und unmittelbares Reagieren nicht vorstellbar und ein Unternehmer nicht ohne sehr detaillierte Zahlenanalysen. Wenn ein Mitarbeiter das als Vertrauensmangel empfindet, dann sollte der Vorgesetzte in diesem Fall ein grundsätzliches Gespräch über Erwartungen und Möglichkeiten im Arbeitsleben führen.

Dritte Regel: Wir geben den Gefühlen Raum, denn es sind die verborgenen Einflüsse, die uns zurückhalten

Das Teufelchen fragt: „Was sagen deine Befürchtungen?"

Die Frage des Teufelchens erinnert uns, dass unser Denken nicht eigenständig und unveränderlich ist, denn es gibt neben den offenbaren auch verborgene Einflüsse. Es geht also hier nicht mehr einfach um den Dialog zwischen Ideen, sondern um Menschen, um deren Gefühle und wie sie zueinander in Beziehungen treten. Und da Gefühle oft die Kraft haben, unsere Ziele trotz aller Vernunft und Sachlogik zu durchkreuzen, ergibt sich erst mit deren Einbeziehung die Möglichkeit für Entscheidungen, die tatsächlich erreicht werden und auch Bestand haben. Das Teufelchen ermöglicht uns mit seinen Fragen eine „ganzheitliche" Sicht der Menschen und ein „systemisches" Verständnis der Einflüsse auf sein Handeln. Wenn wir aus diesen Gesichtspunkten Folgerungen für das Unternehmen ziehen, dann ergeben sich zudem wesentliche Erkenntnisse für die Gestaltung von Lernkultur im Unternehmen.

Mit den beiden ersten Regeln zur Verbesserung der Wahrnehmung haben wir uns geöffnet für Verbesserungen an unserer Ursprungsidee und gegebenenfalls für ratsame Alternativen. Das Teufelchen hatte dabei die Funktion, uns immer wieder aus der vermeintlichen und so verlockenden Sicherheit in das Wagnis neuer Unsicherheit herauszuführen. Die Methode des Teufelchens war dabei der Perspektivenwechsel durch Ausprobieren gegensätzlicher Argumentationen oder die Empfehlung, die Sichtweisen ganz anderer Persönlichkeitstypen einzunehmen. Hervorzuheben sind die dadurch erzeugten

Veränderungen unseres Bewusstseins. Offenbar existiert mehr in unserem Umfeld, und entsprechend der Wirkungsweise des Inneren Teams auch in unserem Denken, als wir auf den ersten Blick hin bewusst wahrnehmen. Prinzipiell ist es also möglich, unseren Erkenntnishorizont zu erweitern, und offenbar funktioniert es, dabei methodische Hilfsmittel einzusetzen, wie zum Beispiel die Kreativitätstechniken bzw. die vorangegangenen Fragen nach dem Gegenteil bzw. nach weiteren Alternativen.

Dennoch gibt es einen großen zusätzlichen Erkenntnisbereich, der sich diesem so vernünftigen Vorgehen widersetzt. Wenn wir davon ausgehen, und viele Fachleute unterstützen diese These, dass das menschliche Verhalten weit weniger von Vernunft als vielmehr von Gefühlen gesteuert wird, dann lohnt es sich sicherlich, die so wirksamen Methoden der Erkenntniserweiterung auf das Feld der Gefühle zu erweitern. Dabei ist nicht daran gedacht, Forschungen über die allgemeine Natur unserer Antriebe wie über Motivation zu beginnen. Im Zuge des hier verfolgten Arbeitsansatzes müsste eine Methode gefunden werden, mit der wir unsere aktuellen Gefühle in Bezug auf eine bestimmte Handlungsabsicht umfassender erkennen können, um damit in der Lage zu sein, eine wirkliche Entscheidung zu treffen und nicht, wie offenbar zumeist, eine gefühlsbetonte Entscheidung lediglich mit Sachlogik argumentativ zu rechtfertigen. Unter dieser Prämisse können wir das Suchgebiet weiter einschränken und uns auf die Gefühle konzentrieren, die eine bereits getroffene Entscheidung torpedieren und eben diese Zielerreichung verhindern. Die Frage ist also: Gibt es eine Methode oder ein Konzept, wie wir mehr erfahren können über die Gründe unseres Scheiterns, und zwar des Scheiterns, das nicht von außen kam, sondern offenbar unerklärt in uns selbst lag. Keine Frage, dass, wenn diese Methode erst einmal entdeckt ist, eine Nutzanwendung in der Behandlung anderer Menschen, einzeln oder als Team, auch möglich werden sollte.

Es gibt diese Methode. Sie erfordert die Übernahme eines auf den ersten Blick unsinnig erscheinenden, dann aber doch sehr logischen Gedankenbildes, des „Heimlichen Gewinns". Unterstellt, dass jedes Verhalten zweckgerichtet ist und jedes selbstgesteuerte Verhaltensergebnis also Vorteile erbracht haben muss, dann müsste auch ein Vorteil im selbst herbeigeführten Scheitern entdeckt werden können. Wir müssen uns also mit den verborgenen, inoffiziellen Motiven beschäftigen und mehr davon begreifen, was in der Kommunikation oft „unter der Oberfläche" eine Rolle spielt. Dazu sind zwei Gesichtspunkte sehr hilfreich: Zunächst die „Ganzheitlichkeit" der Kommunikation, die neben Sachaspekten immer auch Gefühlsinformationen transportiert, und der Begriff des „Systems", innerhalb dessen Rahmen jedes Verhalten einen Sinn bekommt.

Zunächst zur Ganzheitlichkeit. Sie kennen das, wenn zwei Menschen mit der gleichen Sachaussage völlig unterschiedliche Wirkungen erzielen. Denn eine unterschiedliche Haltung wird emotionale Signale bewirken, die wir als Körpersprache registrieren, ob bewusst oder unbewusst, ist dabei unerheblich. Es ist also durchaus möglich, auf zwei unterschiedlichen Sendekanälen gleichzeitig Unterschiedliches zu sagen und natürlich noch mehr, auch Unterschiedliches heraus zu horen. Wenn wir es mit unserer Selbstdarstellung lernen, ganzheitlich Sachaussagen und Körpersprache in Einklang zu bringen, dann gewinnen wir Authentizität und Überzeugungskraft. Wenn wir bei anderen jedoch eine Aussage widersprüchlich wahrnehmen, besteht die Chance, weitergehend zu klären, z. B. durch Nachfragen, um damit offenbar überdeckte Widersprüche freizulegen und für uns und den Gesprächspartner zusätzliche Erkenntnisse zu gewinnen. In der Alltagserfahrung führt jedoch diese wahrgenommene Widersprüchlichkeit eher zu einer Ablehnung und Abwendung. Es besteht offenbar die Neigung, jeweils die negativere Variante als die Wirkliche anzunehmen.

Erst wenn wir lernen, Disharmonien als nützlich zu sehen, quer oder um die Ecke zu denken, besteht die Chance auf neue Sichtweisen.

Etliche therapeutische Methoden nützen konsequent die Körpererfahrung, szenische oder mimische Darstellungen, Aufstellungen von Beziehungsgeflechten usw., um auf diesem Wege Zugänge zur Gefühlsebene zu finden.

Ein weiteres sehr nützliches Denkmodell zur Überwindung von Denkschranken liefert der Begriff des „Systems". Und dieser Bezugspunkt ist notwendig, da wir uns bei unseren Anliegen zu häufig auf dieses isolierte Anliegen allein konzentrieren und die Begleitumstände des gesamten Umfeldes außer Acht lassen. Die wichtigsten Einflussfaktoren im Umfeld sind die weiteren beteiligten Personen und deren Bezug zu unserem Anliegen. Zum Beispiel ist es uns oft unverständlich, warum jemand, den wir doch für eine Aktion so erfolgreich überzeugen konnten, das, was er einsieht und dem er auch zugestimmt hat, letztlich nicht verwirklicht. Offensichtlich sind in diesem Fall zusätzliche Kräfte beteiligt gewesen, die das Festhalten am Bisherigen begründeten. Andere Einflüsse waren dann offenbar stärker als unser Überzeugungstalent. Dabei ist der Vielfalt der Einflussfaktoren kaum Grenzen gesetzt. Es können Personen sein, z. B. die Kollegen, die Gruppendruck ausüben. Oder es sind prägende Einflüsse aus früherer Zeit, die Wertevorstellungen und Erwartungen geformt haben. Oder es sind in der eigenen Person begründete, tiefliegende, möglicherweise ihr selbst verborgene Hemmnisse oder Hoffnungen.

Wie kann es passieren, dass jemand Sie um Hilfe bittet, Sie sich abmühen und dann viel zu spät feststellen, dass er eigentlich etwas völlig Anderes als das Angesprochene wollte? Wie kann es schließlich sein, dass jemand krank ist, daran leidet, aber offensichtlich vor dem Gesundwerden noch größere Angst hat? Diese Fragen könnten endlos fortgesetzt werden. Offensichtlich ist, uns entgeht eine Menge, wenn wir nicht versuchen, Fragestellungen in ihrem weiteren Zusammenhang zu sehen. Offenbar können wir das Verhalten und die Motive eines Menschen nur unvollkommen erfassen, wenn wir nicht das System berücksichtigen, in das eine Person, ein Team oder auch ein Problem eingebettet ist. Damit wird das adäquate Systemverständnis eine Vorbedingung für erfolgversprechende Veränderungsstrategien.

Zwei Basisannahmen gelten für ein System, das sich definiert über ein hohes Maß an Außenabgrenzung und Selbstregulation:

Basisannahme 1: Die Wirkung einer Handlung im System hängt von den Umständen ab.

Basisannahme 2: Jedes Verhalten hat einen aus dem System zu verstehenden Sinn, auch wenn er uns noch verborgen ist.

In unterschiedlichen Systemen kann die gleiche Handlung einmal positive Wirkungen haben, im anderen negative. Denken wir zum Beispiel an das Helfen, das Eigenentwicklung verhindern kann. Sehr häufig sind auch Negativerscheinungen, wie psychosomatische Krankheiten einzelner Familienmitglieder, als Funktion im System Familie zu begreifen und daher auch nicht durch die ausschließlich körperlich ansetzende Therapie des einzelnen Patienten aufzulösen.

Wenn es daher in einem System unterschiedlicher Einflüsse und Ziele offensichtlich keine Bewegung gibt, dann muss daraus nicht folgen, dass es keine Veränderungsabsichten gibt. Ebenso könnte man vermuten, dass eine gegenwärtig stärkere Gegenkraft den Veränderungsimpuls aufhebt. Dementsprechend kann zu jedem noch nicht umgesetzten Führungsziel das Vorhandensein von Gegenkräften mit Gegeninteressen, Ängsten oder Blockaden unterstellt werden. Wenn also eine erste Zielpräsentation die gewünschte Wirkung nicht erzielen kann, dann wahrscheinlich auch nicht eine noch ausgefeiltere Präsentation oder zusätzliche Argumente. Vielmehr könnte ein besseres Verstehen der Vorbehalte versucht werden. Wenn man danach diese Gegenkräfte personalisieren kann, möglicherweise als Teufelchen, und mit ihnen in Verhandlung tritt, dann besteht eher die Chance auf eine Wenn-Dann-Einigung. Das Konzept des

„Heimlichen Gewinns" weist diesen Weg und soll in Anlehnung an Varga v. Kibed (2000) jetzt vorgestellt werden.

Wir sollten auch für uns persönlich akzeptieren, dass jedes Verhalten als das Ergebnis einer inneren Bilanzierung von unterschiedlichen Einflüssen und Bewertungen gesehen werden kann. Wir sollten folglich akzeptieren, dass es immer gleichzeitig unterschiedlich hemmende und unterstützende Kräfte für ein Anliegen gibt.

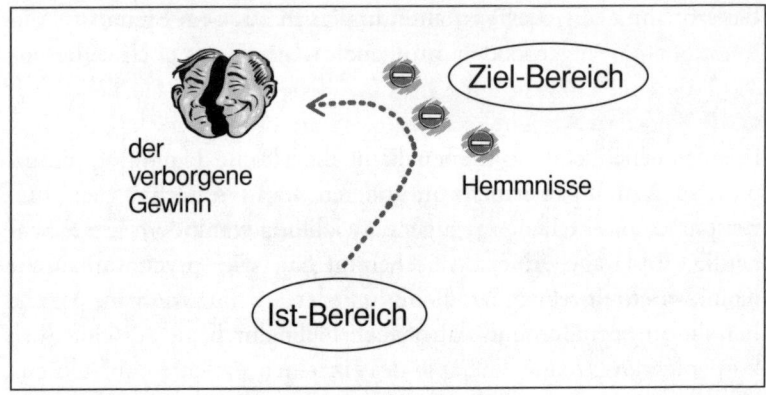

Abbildung 1:   Konzept „Heimlicher Gewinn"

Wir sollten rechtzeitig die Frage nach möglichen hemmenden Einflüssen stellen, um dann auch für zunächst nur schwache Anzeichen aufnahmefähig zu sein, seien sie eingebettet in vorsichtigen Andeutungen bei uns selbst, unsere Signale aus dem Bauch, oder bei Gesprächspartnern, hier vor allem die Elemente der Körpersprache. Der Begriff des „Heimlichen Gewinns" hilft daher, hinter den offiziellen und vorgeblichen Gesprächsebenen mehr zu entdecken. Er steht für die oft unbewusste Gegenkraft, die ihren Vorteil darin sieht, wenn das benannte Ziel nicht erreicht wird. Dieses einzelne, querstehende Motiv wird sich kaum öffentlich bekennen, solange keine Aussicht auf Wertschätzung und Wirkung besteht. Das ist in der richtigen

Teamarbeit nicht anders als im „Inneren Team". Stattdessen verlegt es sich auf ein verdecktes Dagegenarbeiten. Und hat Erfolg, wenn die Zielerreichung trotz nach außen herausgestellten Bemühens einfach nicht möglich war. So wird dem offenen Dissens aus dem Weg gegangen, allerdings um den Preis eines auf Klärung der Unterschiede beruhenden tragfähigen Konsens. Dies ist dann die Kehrseite des Harmoniestrebens, Halbherzigkeit und Einbuße an Wirkungskraft.

Die Berücksichtigung von Befürchtungen oder Verletztheit hat im Unternehmensalltag selten Raum, und es mangelt an Erfahrung, mit Emotionalität angemessen umzugehen. Zum Beispiel habe ich erlebt, wie eine Projektgruppe hochqualifizierter EDV-Fachleute sich selbst blockierte, da unterschwellige Befürchtungen nicht aufgegriffen wurden. Es bestand die heimliche Angst, mit dem Projektergebnis den eigenen Arbeitsplatz aufzuheben, und mit der richtigen Fragemethodik war es noch relativ leicht, diese kollektiven Hemmnisse an die Oberfläche zu holen und bearbeitbar zu machen. Hierbei war die Entpersonalisierung mit Hilfe des Teufelchens hilfreich: „Welche Befürchtungen könnte das Teufelchen nennen?"

Schwieriger wird es dann schon mit den individuellen Bedenken oder Empfindlichkeiten einzelner Personen. Vor allem, wenn das Problem im Umfeld liegt und mit dem Gesprächsgegenstand direkt nichts zu tun hat. Häufig sind es nicht einmal die ganz großen Veränderungen, die von einzelnen Betroffenen als persönlicher Nachteil gesehen werden. Oft reicht es schon, dass der Initiator einer Veränderung an Jahren jünger oder kürzer im Unternehmen ist. Ebenfalls erscheint häufig auf dem Hintergrund traditioneller Verhaltenswerte eine Veränderung im Arbeitsbereich als Kritik an der bisherigen Arbeitsweise. In beiden Fällen wird der Vorbehalt auch bei direkter Nachfrage kaum offenbart werden.

Noch komplizierter wird es mit Hemmnissen, die einfach nicht in die Öffentlichkeit gelangen dürfen, ohne dass deren Sinn aufgehoben wird. Wenn z. B. der Wunsch nach einer spontanen, ehrlichen Anerkennung besteht, dann wird diese gerade durch Nennung des

Wunsches unmöglich. Oder wenn jemand sich bei einer Beförderung übergangen fühlt, weil er sich für die betreffende Position eher geeignet sieht, dann wird eine nachträgliche Beschwerde nur Schwäche bedeuten und womöglich das Geeignetsein in Frage stellen. Was bleibt, ist in beiden Fällen möglicherweise die Verletztheit. Und die wird nichts dagegen haben, wenn der neue Vorgesetzte scheitert.

Egal, worum es im Einzelnen geht, entscheidend ist, dass jede betriebliche Veränderung, jede über Alltagsziele hinausgehende Zielvereinbarung an Gefühlslagen von Betroffenen stößt. Es wäre eine Illusion, dass grundlegende Veränderungen nur durch Klärung der Sachzwänge und technischen Bedingungen zu erreichen sind. In der Gesprächsführung muss daher unbedingt vermieden werden, ausschließlich auf der Sache zu beharren. Zu leicht wird dann die Kommunikation an der Oberfläche geführt. Intensiv zwar, aber oberflächlich und unter Umgehung gewichtiger Gefühlsebenen. Die Bezeichnung „Scheinkommunikation" macht hierfür deutlich, dass die Kommunikation häufig nur zur Ablenkung und Überdeckung der wichtigeren Gefühlslagen und damit der eigentlichen Probleme dient. Es ist kein Gewinn, über relativ Nebensächliches ausgiebig, über das Entscheidende aber nicht oder ungenügend zu sprechen. Denn ohne Auflösung der persönlichen Vorbehalte wird selbst nach Abarbeitung der Sachprobleme kaum eine Chance für die Zielerreichung bestehen.

Warum nun tut der „Heimliche Widerstand" so heimlich? Eine Antwort lässt sich finden, wenn wir dessen unmittelbare Interessen berücksichtigen. Er möchte einen Verlust verhindern, sei es materiell, z. B. als Folge einer Zurückstufung, oder immateriell, z. B. Ansehensverlust. Argyris (1997) begründet Abwehrverhalten in Organisationen vor allem mit dem Reagieren auf Bedrohung oder Peinlichkeit. Die Angst vor Peinlichkeit erfordert unmittelbar Stillschweigen. Die Strategie gegenüber Bedrohung ist auf der anderen Seite umso erfolgversprechender, je verdeckter und unkontrollierbarer die gewählten Mittel greifen. Daher sind Intrigen so wirkungsvoll, denn man kann sich nicht wehren gegen etwas, das nicht erkannt wird.

Wenn wir hinter beiden Zielrichtungen den Faktor Angst als Gemeinsames sehen, dann wird deutlich, dass die Heimlichkeit die zweite Eskalationsstufe eines Konfliktes darstellt. Dann hat die Angst vor Missachtung und Herabsetzung eine Geschichte. Es gab in der Vergangenheit Zurückweisungen, egal ob nun real erlebt oder subjektiv vorgestellt. Der Rückzug ist das Ergebnis einer inneren, negativ ausgehenden Chancenbetrachtung der Offenheit. Der Heimliche Widerstand ist ja immer Teil des Systems und die heimliche Drahtzieherei ist immer nur die zweitbeste Lösung. Das Bedürfnis, Ergebnisse in einer offenen, allgemein anerkannten Form zu erreichen, war ursprünglich vorhanden und ist in Resten noch immer vorhanden. Und da liegt ja auch der Schlüssel für den Dialog. Meist hatten sich die Mechanismen der Frustration und Aggression vom ursprünglichen Ziel abgetrennt und verselbstständigt. Es ist also eine Reaktivierung eines partnerschaftlichen, gegenseitig anerkennenden Dialogs möglich, ohne damit gleich wesentliche Ziele oder Entwicklungen preiszugeben.

Wie aber kommt man heran an diese tieferliegenden persönlichen Bedenken? Offenbar wird die direkte Aufforderung: Nun sagen Sie doch, was Ihre Vorbehalte sind ... kaum weiterhelfen. Vor allem auch dann nicht, wenn diese Vorbehalte dem Mitarbeiter selbst nicht richtig bewusst sind. Es gibt sehr häufig innere Widerstände, die halbbewusst oder nahezu unbewusst wirksam sind. Solange ein Mitarbeiter sich seiner Gefühle und Gedanken nicht sicher ist, wird er sich in der Situation der Zielvereinbarung mit dem Vorgesetzten immer eher vorsichtig verhalten.

Wichtig: Wenn kein Widerspruch genannt wird, ist das noch lange keine Unterstützung!

Eine wichtige Entlastung bietet zunächst die Betonung des hypothetischen Prüfens. Es wird also nicht gefragt: Was haben Sie für Schwierigkeiten damit?, sondern: Was könnte auf die Frage nach persönlichen Schwierigkeiten genannt werden?, und: Gesetzt den Fall, diese Schwierigkeit ist real, wie müssten wir ihr begegnen? ... Die Wirkung ist oft so, als wenn ein Korken von der Flasche gezogen wurde und der Inhalt jetzt endlich fließen kann. Wenn eine wichtige Schwierigkeit erst einmal ausgesprochen wird, sieht man Erleichterung, und es gibt plötzlich eine Menge zu sagen.

Hier haben wir also schon eine wichtige positive Funktion des Teufelchens. Schon in der normalen Gesprächsrunde konnte es Entlastung und Aktivierung durch die Einbringung des Gegenstandpunktes bewirken. Und es hat danach ein Weiterkommen mit der Problemlösung möglich gemacht. Mit dem Prinzip des „Verborgenen Gewinns" nutzen wir das Teufelchen, um an die Ebenen des Unaussprechlichen heranzukommen. An Gesichtspunkte, die wir möglicherweise selbst nicht gern wahrhaben wollen. Das Teufelchen vertritt eben das Interesse am Misslingen. Welche Vorteile könnten darin gesehen werden, wenn das Ziel nicht erreicht wird? Es gibt hierzu immer Punkte, z. B. dass alles beim Alten bleibt, das eigene Prestige gewahrt wird, Risiken vermieden werden usw.

Auch die Frage nach inneren Widerständen gegen die Zielerreichung wird erleichtert mit der Personifizierung des Teufelchens. Was könnte Ihr inneres Teufelchen gegen die Zielerreichung haben?

Wenn jetzt im ersten Schritt das beharrende Gegengewicht im Einflusssystem entdeckt wurde, dann gibt es damit noch keine Auflösung. Was kann also zur Auflösung des Hemmnisses getan werden? Die Aufgabe der Blockadehaltung würde voraussetzen, dass eine Vereinbarung gefunden wurde, die mit der Zielerreichung versöhnen könnte. Die Gegenposition müsste bildhaft gesprochen also darauf verzichten, im Wege stehen zu bleiben und beiseite treten. Voraussetzung einer Verhandlungslösung ist nun allerdings, die Gegenposition als nützlich anerkennen zu können. Letztlich hat immer auch der innere Widersacher subjektiv Recht, und er setzt sich für das aus seiner Sicht Richtige ein. Man kann also den „Heimlichen Gewinn" als Wächter für wichtige Errungenschaften und Prinzipien ansehen. Wir sollten folglich versuchen, mit ihm zu reden und Bedingungen bzw. Möglichkeiten zu finden, die ihn mit unserer Zielvorstellung aussöhnen.

Wenn Sie es schaffen, dass der heimliche Widersacher seine Meinung offen äußert, wenn Sie ihn in seiner Schutzfunktion anerkennen, dann besteht eine gute Chance, ihn als „Wächter" für wichtige Teilaspekte zu einer zusätzlichen Ressource der Zielerreichung zu machen. Entscheidend ist es, gegenüber der Person Verständnis und Respekt zu beweisen. Dann wird es eher gelingen, dass sich ein Mitarbeiter trotz ursprünglicher Vorbehalte auf eine Neudefinition der Situation einlässt, und dass er sich unter für ihn akzeptablen Bedingungen für die neue Situation einsetzen wird.

So gehen Sie beim Ausräumen heimlicher Widerstände vor:

1. Die sachlichen Hindernisse bearbeiten und mit einer angemessenen Lösung „aus dem Weg räumen".

2. Gesichtspunkte und Gefühle sammeln, die möglicherweise eine innere Sperre oder Widerstände schaffen können.

3. Jeweils den „Heimlichen Gewinn" bei Scheitern der Zielerreichung prüfen. Dabei darauf achten, für wen die Zielerreichung negativ empfunden werden könnte, vor allem unter dem Gesichtspunkt der „Peinlichkeit" oder der „Bedrohung".

4. Die Schutzfunktion dieser Widerstände für das System erkennen und ihnen eine Wächterfunktion zuerkennen.

5. Mit diesen „Wächtern" im System eine Wenn-Dann-Unterstützung aushandeln.

Sie sollten jedoch auch die Grenzen dieses Herangehens berücksichtigen. Persönliche, verborgene Hemmnisse werden meist nicht öffentlich genannt, und sie werden dann auch nicht von Kollegen offenbart, die ihrerseits Rücksicht nehmen. Diese Rücksichtnahme selbst ist eine positive Leistung für den Zusammenhalt des sozialen Systems. Es wäre also verfehlt, im größeren Kreis vollständige Offenheit zu erwarten. Es wäre aber ebenfalls auf Dauer schädlich, im persönlichen Gespräch zu einer Offenheit zu verleiten, die im Nachhinein bedauert wird.

Es ist auch nicht in jedem Fall möglich, eine Schutzfunktion als gemeinsame Lösung zu finden. Oft bleibt nur das Akzeptieren von Trauer über einen unvermeidlichen oder erlittenen Verlust. Aber auch dieses bewusste Trauern ermöglicht ein Ablösen vom Alten und die Hinwendung zum Neuen.

Das Prinzip des „Heimlichen Gewinns" bietet in der Führungspraxis vor allem den Vorteil, dass Sie aufnahmefähiger für eine unterschwellige Kommunikation werden, auch schwache Hinweise auf Schwierigkeiten von einzelnen Mitarbeitern oder der Gruppe wahrnehmen und die angemessenen Gesprächsangebote machen können. Es ist Ihre Verantwortung, zu welchen Vorgehen Sie sich dann entschließen. Aber seien Sie gewarnt: Die Beschäftigung mit dem „Heimlichen Gewinn" wird es Ihnen selbst schwieriger machen, Mitarbeiterprobleme zu übersehen. Denn das „Übersehen" könnte ja Ihre Scheinlösung für Probleme sein, auf die Sie gegenwärtig noch keine Antwort haben.

Zwei entscheidende Bedingungen für Lernkultur im Unternehmen

Es ist Zeit, aus der Vielzahl von Gedankensträngen eine Schlussfolgerung für das Arbeitsfeld Unternehmen zu ziehen. Denn ganz offensichtlich hat der Erfolg von Unternehmen, oder auch jeder beliebigen Organisation, etwas mit der Qualität der Kommunikation zu tun. Denn Schwierigkeiten mit Problemen oder auch Hemmungen vor umwälzenden Zielen gibt es in jedem System. Unterschiedlich ist, wie man es schafft, die notwendigen Bestandteile einer Lösung anzusprechen und einvernehmlich zu verhandeln. Da die Entwicklung jeder Organisation nur in Ausnahmefällen geradlinig verläuft, sondern eher einem Zickzackkurs mit situativem Reagieren und Chancennutzen gleicht, können als Unterscheidungsmerkmal zwischen erfolgreichen und weniger erfolgreichen Unternehmen die Fähigkeiten zum Problemlösen und zum Lernen angeführt werden. Häufig wird auch der Begriff „Lernkultur" verwendet, um beide Qualitäten miteinander zu verbinden.

Aber was sind die entscheidenden Grundelemente, die wichtigsten Voraussetzungen für diese höhere Entwicklungsstufe der Organisation?

Ich möchte zwei nennen und auch behaupten, dass mit diesen zwei Bedingungen Lernkultur aller Voraussicht nach funktionieren muss: 20-Prozent-Risiken und Offene Kommunikation.

Die Bedeutung von 20-Prozent-Risiken

Natürlich ist es eine Binsenweisheit, dass Führung und auch eine Organisation in einem sich verändernden Umfeld Ziele braucht, um sich durch Veränderung zu bewahren. Diese Ziele müssen herausfordernd sein und gleichzeitig bei einiger Anstrengung erreichbar erscheinen, um die optimale Motivationswirkung zu schaffen. In fast jeder Abhandlung über Führungsmethoden wird darüber geschrieben, und es herrscht weitgehende Einigkeit, dass 80-Prozent-Ziele der richtige Maßstab seien.

An dieser Stelle möchte ich den Blickpunkt auf die restlichen 20 Prozent richten. Es muss deutlich sein, es gibt jeweils ein Risiko das Ziel zu verfehlen. Es wird also Einzelne geben, die das Ziel nicht erreichen, und denen es dennoch ermöglicht werden muss, das Ergebnis zu akzeptieren. Damit wird das Augenmerk auf die Fairness von Regelungen und Anforderungen gerichtet. Mit dem Ergebnis, dass ein Mitarbeiter sich innerlich auf Ziele einlassen kann, weil er sich damit auch auf die Möglichkeit des Scheiterns einlässt.

Die Frage ist also: Wie gehen wir um mit denen, die das Ziel nicht erreichen? Müssen diese in dem Moment Gesichtsverlust, Peinlichkeit oder persönlich unakzeptable Folgen befürchten?

Die Beschäftigung mit beiden Seiten der 80-Prozent-Ziele wird damit dazu führen, eine positive Unterscheidung zu wählen. Nicht die Gescheiterten sind zu strafen, sondern die Erfolgreichen zu loben und die Ersteren so zu unterstützen, dass sie sich Hoffnungen für das nächste Mal machen können. Wenn Sie Beispiele benötigen, wie das möglich ist, profitieren Sie von den Erfahrungen im Sportbereich. Auch dort ist Wettkampf die Regel, und dennoch verlieren auch die Unterlegenen selten den Spaß an der Sache. Lohn genug war die sportliche Betätigung, das Erlebnis im Team oder mit Gleichgesinnten und die Aussicht auf eine weitere Chance.

Stellen wir uns die mentale Seite vor Augen: Wenn wir also das Neue durchdenken und uns vorstellen, wie großartig die Zielerreichung sein wird und womöglich vorausfühlend schon den künftigen Triumph genießen, dann sind damit die Gegengedanken keineswegs ausgelöscht, die Ängste, die Zweifel, die rivalisierenden Ziele. Die Gegengedanken sind nur zeitweise in den Hintergrund getreten und wir müssen aufpassen, dass sie nicht in den Untergrund geraten und eine verdeckte Gegenstrategie entwickeln. Eine falsch verstandene mentale Ausrichtung nach dem Motte „Denke positiv!" macht aus inneren Skeptikern leicht innere, bitter entschlossene Gegner, die allemal die Kraft haben, uns im entscheidenden Moment zu verunsichern und scheitern zu lassen. Entsprechend ist im Sport selten „Untermotivation", sondern meist „Übermotivation" das Problem. Wer sich im Sport unrealistische Ziele suggeriert, wird sich mental nicht stärken, sondern schwächen. Nicht viel anders verläuft das im Unternehmen. Die Übergangenen und durch Missachtung herabgesetzten Gegenkräfte werden schon einen Weg finden.

Es ist ebenfalls nicht anders, wenn wir uns um unsere eigene Weiterentwicklung kümmern. Beginnen wir damit, dass wir den Selbstbetrug, egal mit welchen wohlklingenden Begriffen er verbunden ist, nicht als Stärke, sondern als Schwäche deuten. Es ist Schwäche, die Augen zu schließen und statt Realität Träume anzusehen. Realitätsflucht kann eine zeitweilig guttuende Erholung sein, sie ist niemals die angemessene Erfolgsstrategie. Ein Beweis von Stärke ist es vielmehr, Widersprüche zu sehen, zu akzeptieren und auszuhalten. Wir müssen uns auch von dem Wahn frei machen, es müsse für jedes Problem eine Lösung geben, denn die Konsequenz sind Versagensvorwürfe bzw. die Notwendigkeit von Vertuschung. Die Welt ist nicht perfekt, alle Menschen haben Schwächen, und der Tod in seinen vielfältigen Formen ist nur begrenzt aufschiebbar. Oft bleibt als angemessene Reaktion lediglich Trauer über einen Verlust, über das Altern, über die eigenen Grenzen. Der Streit der Alten mit den Jungen im Unternehmen ist emotional immer verständlich. Denn die Jungen personifizieren die eigenen Ängste vor Endlichkeit, vor dem Ausgemustertwerden, vor der Peinlichkeit des Prestigeverlustes. Wer als Führungskraft mit seinem Altern nicht zurechtkommt, der wird natürlich Kritikpunkte bei den Jungen suchen und finden, notfalls „an den Haaren herbeiziehen". Wenn Sie jetzt einhalten und fragen: hat sich der Verfasser da nicht verrannt, wir wollten doch über die mentale Seite des Fortschrittes sprechen, dann muss auf die Personifizierungen im Gehirn verwiesen werden. Auch im Gehirn läuft es so ab. Zumindest hat es sich als sehr nützlich erwiesen, es sich so vorzustellen. Noch untrennbarer ist diese Verknüpfung im mentalen Zusammenspiel. Wer seine eigenen Schwächen und Ängste nicht bewusst wahrnimmt, ist auch nicht in der Lage, sich von ihnen zu befreien. Damit wird Selbsterkenntnis zu einem wichtigen Baustein der persönlichen Weiterentwicklung. Sie sollten zu Ihren Schwächen sagen können: Hallo, ich kenne euch, und ihr seid mir wichtig, ihr habt mich vor vielem bewahrt und ich gebe euch die Aufgabe, mich auf meinen weiteren Wegen vor Einseitigkeiten und Unbedachtheiten zu bewahren. Gibt es noch weitere Alternativen?

Eine realistische Entwicklungsstrategie im Unternehmen muss beide Seiten sehen und akzeptieren. Sie muss die Gegenposition anerkennen, d. h. hören und bestätigen, und einen Weg finden, den diese mittragen kann. Die wichtigste Form des vernünftigen Ausgleichs, in der die Gegenseite eine anerkannte Position des Wächters spielen kann, sind Stufenstrategien, Pilotprojekte, begrenzte und kontrollierbare Experimente. Dann ist es auch in Ordnung, das Neue zu suchen, über den „Tellerrand" des Vertrauten zu blicken und probeweise zu handeln. Dann finden wir auch eine ehrliche und wirkungsvolle Form des Selbstvertrauens. Sie sollten sich sagen können, „Ich kanns" und dabei den 80-Prozent-Maßstab angelegt, heißt das „... fast immer." In diesem Fall können Sie zu sich stehen und ruhig bleiben. Jede falsche Form der Selbstsuggestion schafft nur Irritationen und verstärkt damit Unsicherheit und wird das Scheitern herbeiführen oder, und das ist der entscheidende Punkt, wird dazu führen, dass die anfängliche Unsicherheit zu einer generellen Blockade wird. Dann wird aus der anfänglichen Selbstunsicherheit „Ich fürchte ..." ein „Ich kann nicht ...", dann „Ich will nicht ..." und schließlich „Es ist nicht richtig ...".

Die Offene Kommunikation

Beginnen sollten wir mit einem Hinweis zur Führungsaufgabe: Dabei erscheint wesentlich, dass Führung immer auf ein Ziel hin erfolgt, das folglich noch nicht erreicht wurde, dessen Erfüllung jedoch kurzfristig erwartet wird. Der eigentliche und offenbar häufig vernachlässigte Inhalt von Führung betont die Veränderung des Ist-Zustandes. Gegenüber traditionellem Führungsverständnis unterscheidet sich das Neue dabei vor allem dadurch, dass der Weg zum Ziel nicht klar sein muss, ehe das Gespräch mit den Mitarbeitern gesucht wird, sondern dann in der Zusammenarbeit gefunden oder zumindest konkretisiert wird. In der alten Form hatten wir häufig Einbahn-Kommunikation. Der eigentliche Unterschied liegt daher in dem Grad von Beteiligung, dem Ernstnehmen der Mitarbeiter. Es wird unmittelbar einleuchten, dass dieses unterschiedliche Herangehen einer Führungskraft auch die Übernahmebereitschaft neuer Wege auf Seiten der Mitarbeiter beeinflusst. Im neueren Führungsverständnis wird das Gespräch auch zum Mittel gemeinsamen Suchens, Klärens und Findens in der Zusammenarbeit.

Unter dem Blickwinkel von Entwicklungs und Veränderungsabsichten ist es nützlich, das Lernen selbst in zwei unterschiedliche Formen zu unterteilen. Die erste Form bezieht sich auf Probleme innerhalb eines bereits strukturierten Zusammenhanges und deren Lösung. Wenn nach Lösungsfindung der Systemzustand wieder gleich der Ausgangslage ist, dann hat quasi eine Reparatur des Systems stattgefunden. Gewöhnlich unter Zuhilfenahme von im System bekannten Regeln und Annahmen. Dann haben eben einzelne Personen oder Gruppen etwas bereits Vorhandenes kennen und anwenden gelernt. Es findet also auch in einer Organisation vielfältiges Lernen statt, ohne dass das Ergebnis in einer Innovation besteht, ohne dass also die Organisation neues Wissen und neue Fähigkeiten entwickelt hat. Wenn aber genau das der Fall ist, wenn sich Wissen, Fähigkeiten und Sichtweisen der Organisation verändert haben, dann hat hier etwas stattgefunden, das vom Lernen 1 unterschieden werden muss und hier als Lernen 2 bezeichnet wird.

Lernen 2 erfordert die Infragestellung bisheriger Selbstverständlichkeiten, z. B. von bisher üblichen Lösungsmethoden, Maßstäben oder Dingen, die durchaus noch funktionieren, aber unter einem anderen Blickwinkel nicht mehr als optimal betrachtet werden können.

Lernen 2 ist damit die Konfrontation mit dem Status quo und dessen Bewahrern im System, die die Notwendigkeit einer Veränderung zurückweisen. Es erfordert damit eine ganze Menge, Lernen 2 zu ermöglichen und zum Normalfall machen zu wollen. Denn die Initiative für notwendige Lernschritte liegt immer bei Einzelnen oder einer Minderheit. Innovatoren sind in traditionellen Unternehmen in hohem Maße gefährdet. Sie werden leicht verunglimpft, isoliert

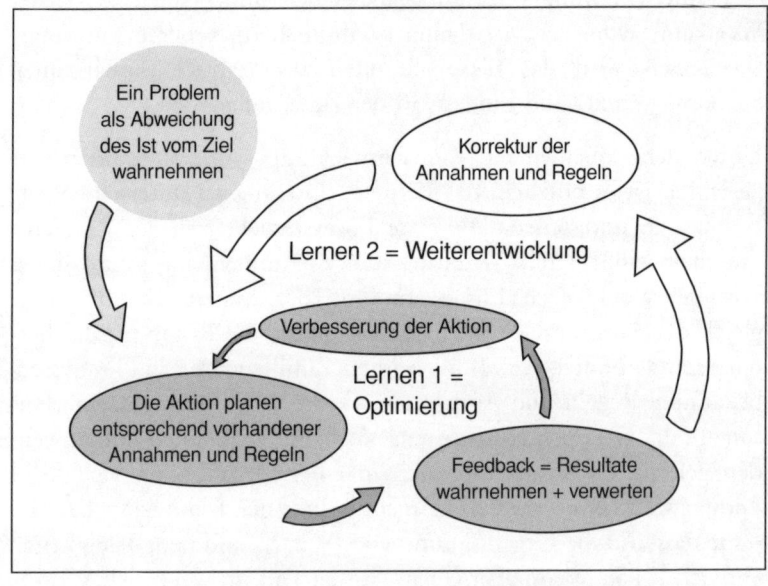

Abbildung 2: Zwei Ebenen des Lernens

bzw. aus dem System hinausgedrängt. Diese Innovatoren sind Menschen, die „über den Tellerrand" blicken, sensibel, unabhängig und fantasievoll sind, und es sind oft Menschen, die im sozialen Umgang keineswegs als einfach erscheinen. Die entscheidende Verantwortung für das Gelingen von Lernen 2 liegt daher bei den Führungskräften und denen, die als Gruppe die als Maßstab angelegte Unternehmenskultur gestalten. Lernkultur besteht vor allem aus der Bereitschaft zur Offenheit, sowohl aktiv in Form von Fragen und Ideen, als auch passiv in Form von Zuhörbereitschaft. Diese Bereitschaft entwickelt sich nur dann, wenn eine Partnerschaftlichkeit bzw. Vertrauen entstanden ist. Wenn es einen anderen gibt, der sich Zeit für mich nimmt, und wenn es eine Chance gibt, dass meine Worte tatsächlich etwas bewirken. Sehr häufig müssen Unternehmensberater feststellen, dass das Bewusstsein eines Problems im Unternehmen an verschiedenen Stellen vorhanden war, und dass auch die notwendigen Lösungen an irgendeiner Stelle bereit lagen, dass aber die Kommunikationskanäle blockiert waren und aus diesem Wissen keine Konsequenz erfolgte. Die Voraussetzungen der Offenheit können daher wie eine Drei-Stufentreppe gesehen werden:

Abbildung 3: Drei Stufen zur Lernenden Organisation

Voraussetzungen einer Lernkultur:

1. Es muss ein Akzeptieren, Würdigen und Einbeziehen von Meinungsvielfalt bestehen. Es reicht nicht, Toleranz zu zeigen, sondern es muss die Bedeutung jeder Meinungsäußerung für die gemeinsame Weiterentwicklung sichtbar gemacht werden.

2. Es muss ein positiver Umgang mit Fehlern gelernt werden. Denn Fehlervermeidung heißt Selbstbeschneidung von Experimenten, des Neuen, der Fortentwicklung. Jeder Mitarbeiter hat ein Recht, auch Fehler zu machen, selbstverständlich nur einmal! Das eigentliche Problem in Unternehmen ist ja auch nicht, dass Fehler vorkommen, sondern dass sie nicht behoben werden. Schaffen Sie eine offene, freie Kommunikation ohne unnötige Ängste, in der selbstverständ-

lich Fehler genannt und aufgearbeitet werden. Dann haben Sie am ehesten die Gewähr für Fortschritte der Organisation.

3. Es muss ein unterstützendes Klima der permanenten Veränderung und Weiterentwicklung geschaffen werden. Es ist auch notwendig, dass intensiver kommuniziert wird und dabei die Fragen und vorläufigen Ideen einen größeren Anteil erhalten. Es ist vor allem notwendig, dass Führungskräfte die eigene Aufgabe mehr als die eines Spielleiters und Managers sehen und darauf verzichten, im Fachgebiet Überlegenheit zu demonstrieren.

Eine Lernkultur wird den Anspruch auf Veränderung setzen, sie wird neben Ergebnissen auch Verhalten würdigen, sie wird sehr ausgeprägt Emotionen einbeziehen und als wichtige Informationsebene nutzen, sie wird die Kommunikation auf zusätzlichen Erkenntnisgewinn ausrichten, und sie wird vor allem sehr viel Anerkennung austeilen, denn Anerkennung ist die Voraussetzung, auf einer unsicheren Wegstrecke weiterzugehen.

In den nachfolgenden Darstellungen werden Anregungen gegeben, wie diese Anforderungen in konkretes Gesprächs- und Führungsverhalten umgesetzt werden können. Denn restriktive Unternehmenskulturen sind sehr real, der Begriff Lernkultur dagegen nur zu oft eine von der Realität noch weit entfernte Worthülse. Lernkultur muss im Alltagsverhalten wiederzufinden sein, und damit die Verhaltensänderung tiefgreifend genug sein kann, ist die Veränderung auf der Bewusstseinsebene die schwierige, aber notwendige Vorleistung.

Konsequenzen für den Führungsalltag

Wie Sie Vorbildlichkeit in der Gesprächsführung zeigen

Klare Standpunkte vertreten

Nach der vorangegangenen Relativierung von Selbstsicherheit wird man nun wahrscheinlich erwarten, die besseren Regeln bestünden in der Betonung von Bescheidenheit und Zurückhaltung. Im Gegenteil! Denn Selbstbescheidung würde Probleme im Miteinander nicht verringern, sondern fast zwangsläufig vergrößern. Wir haben im Privaten und im Unternehmen viel zu viele Probleme aufgrund von Unklarheiten in unseren Aussagen, wenn Standpunkte vorsichtig „verpackt" werden und weil wir zögern, dem anderen durch unsere Rückmeldung eine Verhaltenskorrektur zu ermöglichen. Die meisten Konflikte in Gruppen oder Paarbeziehungen, auch in Unternehmen, resultieren aus Missverständnissen und Fehlinterpretationen in der gemeinsamen Kommunikation. Wobei Kommunikation die sprachliche und nichtsprachliche Form von Information an den anderen umfasst. Und Missverständnisse sind die Folge von falschem Verstehen oder Unterstellungen. Daher die Regel: Reden Sie und seien Sie deutlich.

Allerdings ist in der Kommunikation maßgeblich, dass die Aussagen über die Beziehung zueinander gleichgewichtig neben dem sachlichen Inhalt stehen. Wenn die Beziehungsseite in Ordnung ist, können wir uns beispielsweise mit Freunden fabelhaft streiten. Der dabei entscheidende Unterschied besteht in zweierlei: der Akzeptanz des anderen mit seinem Standpunkt und in der Bereitschaft, den eigenen Standpunkt gegebenenfalls zu verändern. Voraussetzung für einen guten Dialog ist also die Chance auf Bewegung der Standpunkte.

Damit ist also klar:
Kein Positionsstreit!
Kein bedingungsloses Verteidigen von Standpunkten!
Keine Abqualifizierung der Fähigkeiten des anderen!
Keine Herabsetzung des Gegenstandpunktes!

Wenn Sie nun zu diesen Verhaltensregeln die Erkenntnisse aus dem Abschnitt „Sind Sie sicher?" hinzufügen: „Es gibt keine absolute Sicherheit. Es gibt mehrere Wahrheiten gleichzeitig. Und die gleiche Sache wird aus unterschiedlichen Blickrichtungen einmal positiv, einmal negativ bewertet werden können," dann sind Sie vorbereitet für einen richtigen Dialog, für ein Wechselspiel mit der Gegenposition, die ernst genommen werden möchte und sich ihrerseits auf den Dialog eher einlässt, wenn sie für sich selbst auch einen Gewinn erwarten kann.

Ein klarer Standpunkt ist kein Problem, sondern eine Wohltat auch gegenüber einem kritischen Kontrahenten, wenn er verständlich ist, wenn er gemeinsam überprüft werden soll und wenn der Person gegenüber Respekt gezeigt wird. Im Dialog können wir Differenzen beheben, erträglich machen oder uns dazu durchringen, sie einfach als gegeben und unveränderbar zu akzeptieren. Durch Schweigen, auch wenn die gute Absicht Rücksichtnahme lautet, laufen Sie Gefahr, die Gräben von Fehlinterpretationen und Unterstellungen weiter zu vertiefen. Daher sollten Sie drei zentrale Kommunikationsregeln beherzigen und damit Ihrem Dialogpartner gegenüber Respekt zeigen:

1. Standpunkte immer in der Ich-Form.
   Ich habe bemerkt, ich meine, mir wurde gesagt, usw.

2. Fragen in einer ernst gemeinten Form.
   Warum denken Sie so, was hat Sie dazu gebracht, worauf kommt es Ihnen vor allem an, was ist Ihr Interesse dabei?

3. Kritik als Wunsch formulieren.
   Mir wäre wohler, wenn, ich hätte lieber, wenn Sie nicht, sondern, noch besser fände ich, wenn ...

Lassen Sie sich im Eifer des Dialogs vor allem nicht dazu hinreißen, die Vorstellung der gemeinsamen Suche von Wahrheit aufzugeben und auf die Stufe des Kräftemessens zurückzufallen. Bleiben Sie bei dem Bild des Teufelchens. Es macht wenig Sinn, es überzeugen zu wollen. Wir profitieren aber von seinen Denkanstößen, unkonventionellen Ideen und kritischen Fragen. Wenn wir es schaffen, nicht gleich dagegenzuhalten, sondern uns bemühen, die für uns neuen Standpunkte zunächst vollständig zu verstehen und wenn auf diese Weise beide Seiten wechselseitig zu Wort kommen, dann ist eine durchgreifende Echtheit möglich. Dann haben wir einen Dialog zwischen Gleichen, ein echtes Zwiegespräch, wie es auch der Paartherapeut Moeller (2001) als Voraussetzung einer gemeinsamen Weiterentwicklung empfiehlt.

Den Gegenstandpunkt fördern

Was aber kann getan werden, wenn der Dialog daran scheitert, dass auf der anderen Seite nicht offen und aktiv mitgemacht wird? Wenn der Gesprächspartner „mauert" und nicht aus sich herauskommt? Ein Dialog sollte ja das Gleichheitsprinzip erfüllen, zumindest dürfen die beteiligten Personen keine negativen Folgen ihrer Offenheit befürchten. Da der Dialog immer innerhalb eines sozialen Umfeldes stattfindet, kann dieses Umfeld die Ursache sein, die Offenheit in unterschiedlichem Grade zu beeinträchtigen. Jede Form von Abhängigkeit ist in diesem Sinne eine Belastung von Offenheit. Dementsprechend kann die These vertreten werden, dass es wirklich unvoreingenommene und offene Führungsgespräche im Prinzip nicht geben kann. Denn im Unternehmen geht es immer auch um Macht, und das Entsprechende ist ein Ohnmachtsempfinden des Mitarbeiters. Es muss immer daran gedacht werden, dass Führungskräfte mit ihren Standpunkten gegenüber Mitarbeitern mehr bewirken als nur eine Meinungsäußerung. Häufig wird eine Idee schon als Anordnung interpretiert, ohne dass das beabsichtigt war. Denn es ist nur sehr menschlich, wenn die Führungskraft die eigene Idee für in Ordnung ansieht und sehr zufrieden ist, wenn sie dafür auch Zustimmung erhält. Aus Sicht der Mitarbeiter bleibt dann als beste Strategie, sich nach taktischem, aber nicht unnötig verlängertem Zögern in das Unvermeidliche zu schicken.

Der Anspruch einer motivierenden Führung wird oft in dem Sinne interpretiert: Sei nicht zu dominierend, sei also nicht zu direkt, zeige Verständnis. Das Ergebnis sind dann leicht flaue Kritikgespräche, die mit Lob beginnen und im Gehalt unklar bleiben, lange, verständnisvolle Gespräche über Dinge, die nicht zu ändern sind, oder ein Übergehen unangenehmer Themen. Falls doch ein eindeutiges Fordern mit Machtdurchsetzung unumgänglich erscheint, dann wird die Schuld dem anonymen Markt oder einem entfernteren Vorgesetzten zugeschrieben. Viele dieser vermeintlich rücksichtsvollen Ansätze sind Augenwischerei und werden von den meisten Mitarbeitern als Täuschen und Tarnen empfunden. Aber je unklarer die Absicht und der Standpunkt des Vorgesetzten, umso folgerichtiger ist die Passivität des Mitarbeiters. Ehrlicher ist die Enttabuisierung des Machtaspektes. Ein Unternehmen ist eine zutiefst hierarchische Veranstaltung. Mitarbeiter werden bei ihrer Einstellung auf die Einhaltung vertraglicher Abmachungen verpflichtet, und deren wichtigste ist der Unternehmenszweck selbst. Die Spielräume für Verständnis und Entgegenkommen sind begrenzt. Der Vorgesetzte sollte seine Anforderungen also ehrlich und unverschleiert einbringen. Er sollte aber dennoch den Mitarbeitern Raum lassen für eine im eigentlichen Sinne kooperative Zusammenarbeit. Diesen Raum bietet beispielsweise die gemeinsame Lösungssuche oder Lösungsoptimierung. Sie bietet auch das grundlegende Infragestellen bisheriger Selbstverständlichkeiten. Für den jeweiligen Gesprächspartner kommt es zuallererst darauf an, einordnen zu können, wie groß sein Spielraum für Beteiligung tatsächlich ist.

Nach der Erfahrung vielfältiger Gesprächssituationen, nicht nur in Unternehmen, gibt es ein eindeutiges Kriterium für die Offenheit von Gesprächsergebnissen. Dieses Kriterium ist die Hereinnahme des realen Gegenstandpunktes. Ein entscheidender Schritt ist gemacht, wenn die Führungskraft nicht mehr fragt „Wer hat Einwände?", sondern „Was könnte aus Sicht von anderen dagegen sprechen?" Es muss deutlich gemacht werden, dass es in der Zusammenarbeit nicht um das Durchsetzen eines isolierten Standpunktes gehen kann, sondern um die Optimierung einer Entscheidung. Dass die Bereitschaft besteht, gegebenenfalls auch den ursprünglichen Standpunkt zu kippen. Und dass es daher keine Begrenzungen für unterschiedliche Sichtweisen und Standpunkte gibt: Keine Entscheidung ohne Beteiligung des Gegenstandpunktes!

Die Ausgangsfrage lautet jetzt also in präziserer Form: Wie bringe ich Mitarbeiter dazu, gegenteilige Ansichten zu erarbeiten und vorzubringen? Hier ist die Führungskraft gefordert, für die Mitarbeiter die Hemmschwelle so niedrig wie möglich zu setzen. Die Moderationsmethoden mit Blitzlicht- oder Kärtchenabfrage, Kleingruppenarbeit und die vielfältigen Kombinationen davon sind sehr nützlich. Deren Hauptaspekt ist die Trennung von Standpunkten und Personen. Damit verliert dann das Gespräch die Bedrohlichkeit, mit dem so mutig vorgebrachten Standpunkt zum Verlierer gestempelt zu werden.

Entscheidend ist also das Signalgeben und die Vorbildlichkeit der Führungskraft.

Zwei Tipps: Führen Sie den Gegenstandpunkt ein durch Verbildlichung. Ich benutze dazu ein Teufelchen als Handpuppe und erläutere die Funktion des „Advocatus Diaboli", mit dem die Jesuiten wichtige Entscheidungen prüften. Sie können diese Puppe und damit die Vertretung des Gegenstandpunktes einzelnen Personen oder einer Teilgruppe übertragen. Sie können dann regelrecht Gericht halten mit den Rollen der Anklage und Verteidigung.

Vor allem: Machen Sie es dem Gegenstandpunkt leicht, Position zu beziehen. Machen Sie deutlich, dass es immer noch mehr Standpunkte gibt und wir möglichst alle kennen wollen. Betonen Sie, dass das Plakative und Übertriebene der Darstellung oft hilfreich ist, die entscheidenden Unterschiede herauszuarbeiten. Vielleicht machen Sie es zu einer Kreativaufgabe, sich in den übellaunigsten, einseitigsten Kunden zu versetzen. Nur, mit dem eigenen Standpunkt ein Gespräch starten, sollten Sie niemals. Das bremst Offenheit und Lockerheit der Mitarbeiter meist zuverlässig. Die Meinung des Vorgesetzten kommt grundsätzlich zuletzt!

Suchend zuhören

Jetzt sind wir soweit, dass Sie sich auf das Zuhören konzentrieren können. Auch hierbei sollte nicht die Technik, die rhetorische Spitzfindigkeit im Vordergrund stehen, sondern das Bemühen um zusätzliche Erkenntnisse.

Sie dürfen niemals vergessen, dass Fragen und Zuhören, vor allem aber das so passiv erscheinende Zuhören, sehr mächtige Instrumente sind. Denn ohne die Fähigkeiten des Sich-Zeitnehmens, Einfühlens, Verstehens kommen Berufsgruppen wie Verkäufer, Berater oder auch Therapeuten nicht aus. Das Paradox der sonst vielfältigen Beraterbranche ist doch, dass Berater selten Rat geben, sondern um Informationen bitten und Fragen stellen, deren Beantwortung dann oft aus verfestigten Gedankensträngen herausführt. Ob als Therapeut, Unternehmensberater oder Führungskraft helfen Sie damit gleichermaßen, Zusammenhänge, Ursachen, Konsequenzen usw. neu zu sichten, anders zu sehen, und sich zu trauen, zurückgedrängte Gedankenansätze weiterzudenken. Wenn letztlich der Ratsuchende sich selbst eine Antwort geben konnte, dann war Ihre Beratung erfolgreicher, als wenn derselbe Rat von Ihnen auferlegt worden wäre.

Dieser Argumentation zu den Vorteilen des Zuhörens werden Sie jetzt sicherlich zustimmen. Das kleine Teufelchen reizt mich, Ihnen die Daumenschraube etwas strammer zu ziehen. Wenn Sie das alles einsehen, was hindert Sie dann, es tatsächlich umzusetzen?

Eine Ursache für das zu oft zu beobachtende Vermeiden von Zuhören ist die eigene Betroffenheit. Wir können nur richtig zuhören, wenn wir auch innerlich offen sind und die Gegenmeinung nicht als Bedrohung begreifen. Wenn wir Angst vor Konflikten haben, dann wird es niemals überzeugend und aufmunternd klingen, wenn wir zu Gegenstandpunkten auffordern. Die Ursachen liegen immer auf der persönlichen Seite: Schwäche, Herabsetzung, Verletzung. Prüfen Sie sich zunächst, ob Sie wirklich am Gegenstandpunkt interessiert sein können. Können Sie Schwächen zugeben? Gestatten Sie, sich vom Gegenteil überzeugen zu lassen? Können Sie verlieren? Es stellt sich für die Führungskraft also die Frage, wie sie selbst zum Gegenstandpunkt steht. „Will ich wirklich den Gegenstandpunkt hören? Warum ist er wichtig für mich?". Wenn Sie hierauf positive Antworten geben, dann können Sie auch Ihre Mitarbeiter motivieren.

Eine wesentliche Erkenntnis, die wir Riemann (1993) verdanken, besteht darin, dass persönliche Verhaltensmuster und damit die von den Mitmenschen erlebten Persönlichkeitsunterschiede auf unterschiedliche Arten der Bewältigung von Ängsten zurückgeführt werden können. Ein Mindestmaß an Selbsterkenntnis ist damit eine der entscheidenden Voraussetzungen, als Führungskraft „Soziale Kompetenz" zu erlangen. Denn Sie sollten sich schon darüber bewusst sein, welche Neigungen und Abneigungen Sie immer wieder in die gleiche Richtung drängen möchten. Welche Ihrer inneren Stimmen, also Ihrer personifizierten Bedürfnisse im inneren Team, immer wieder besonders zu Wort kommen und welche vielleicht unterdrückt werden.

Beginnen Sie am besten damit, dass Sie die Augen vor den Alternativen nicht mehr verschließen. Es gibt immer zwei Möglichkeiten, und hören Sie vor einer Entscheidung immer den Rat unterschiedlicher innerer Stimmen. Hören Sie immer auch die Argumente des inneren „Streithahnes" und bedenken Sie die Entwicklung, wenn Sie ausschließlich auf den inneren „Versöhner" hören.

> *Offenheit muss nicht verletzen!*
> *Und die Offenheit des Anderen*
> *ist mein Zuhören!*

Wie durch Führung die Lernkultur gestärkt und ausgeweitet wird

Der Sinn und das Potenzial jedes gemeinsamen Lernens liegt letztlich in dem Begriff Synergie. Synergie ist eingetreten, wenn mehrere Personen bei einer in Frage stehenden Angelegenheit zusammen mehr bewirken konnten, als es ein Einzelner vermocht hätte. Synergie richtet sich damit fast immer an Fragestellungen, die aus dem Alltag herausfallen, und für die eine Problemlösung erforderlich wurde. Ein Problem im engeren Sinne besteht, wenn z. B. zwei der drei nachfolgenden Kriterien erfüllt sind: Das Problem hat schon längere Zeit Bestand, ein Einzelner allein kann die Lösung nicht bewirken und es existiert kein Lösungsmuster, nach dem vorgegangen werden kann.

Der Umweg über das Ziel

Die Wahrnehmung eines Problems ist nur möglich, wenn wir anhand eines inneren Maßstabes eine Abweichung registrieren. Anhand des Vergleiches zwischen dem „Ist" und unserer „Soll"-Vorstellung, einem „Vorher-Nachher", einem „Hier-Dort" u. Ä. empfinden wir in uns einen Widerspruch, der auf Auflösung drängt. Die Suche nach Problemlösungen bezieht sich also in der Regel auf akute Diskrepanzen, die unser Handeln in eine ganz eindeutige Richtung lenken. Solange wir nicht die Idee einer Alternative besitzen, existiert mental ein Problem überhaupt nicht.

Stellen wir damit fest: Ein Problem bezieht sich fast immer auf etwas Vorhandenes, auf etwas Geschehenes. Das Abarbeiten von Problemen ist damit Vergangenheitsbewältigung. Dabei werden nun zwei gewichtige Kehrseiten des Problemlösens sichtbar:

Problemlösungen sind in der Regel Reparaturen und haben das Ziel, ein einmal erreichtes Niveau oder einen Zustand wiederherzustellen. Sie führen aber niemals darüber hinaus. Im Gegenteil, das Gelingen der Reparatur sichert das Vorhandene. Allerdings manchmal auch nur zeitweise, wenn nach einiger Zeit der ursprüngliche Problemdruck wieder auftritt.

Ein besonders fataler Mechanismus ist dabei das bei Fritz (vgl. Fritz, 2000) beschriebene Oszillieren zwischen zwei gegensätzlichen Bedürfnissen, die jeweils dann wieder akut werden, wenn das andere gerade befriedigt wurde. Durch ein „oszillierendes Handeln" wird das Problemlösen als Abwehrstrategie von Neuem und Veränderungen perfektioniert, denn dann hat man sich das Laufrad des Hamsters geschaffen und ist unabsehbar beschäftigt. Beispielsweise sehen wir, wann ein verstärktes Gesundheitsbewusstsein auftritt und wie lange es vorhält. Oder wir erleben in Unternehmen eine Abfolge von Phasen der Dezentralisierung und erneuter Zentralisierung. Die Dauer einer Oszillationskurve mag jeweils unterschiedlich sein, aber insgeheim entsteht ein Gefühl von Ausweglosigkeit.

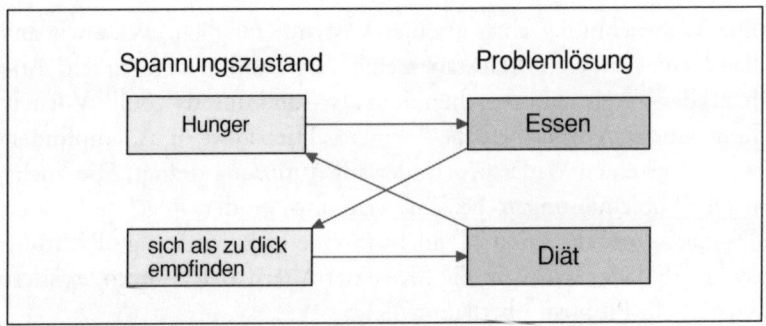

Abbildung 4: Oszillierendes Handeln

Die Beschäftigung mit den vielen kleinen und großen Alltagsproblemen schafft Befriedigung durch relativ sichere Ergebnisse. Es macht Spaß, Aufgaben abhaken zu können. Es gibt ein gutes Gefühl, so viel bewegt zu haben. Damit lenken die Überlegungen beim Problemlösen ab von der Unsicherheit im Großen. Sie lenken aber auch ab von der ungleich wichtigeren Innovationsarbeit. Denn ein Unternehmen muss sich weiterentwickeln und immer neue Niveaustufen erreichen. Mit der Bewahrung des Bestehenden allein geht es unter.

Ein wesentliches Verbot, das ich in dem Buch „Fordern und Fördern" (1997) betont habe, ist das Verbot des Problemelösens. Sie dürfen nicht Probleme lösen, sondern müssen Ziele erreichen. Ein großer Unterschied. Bevor Sie also bei Auftreten eine Problems spontan beginnen, eine Lösung zu suchen und umzusetzen, sollten Sie „Stopp" machen.

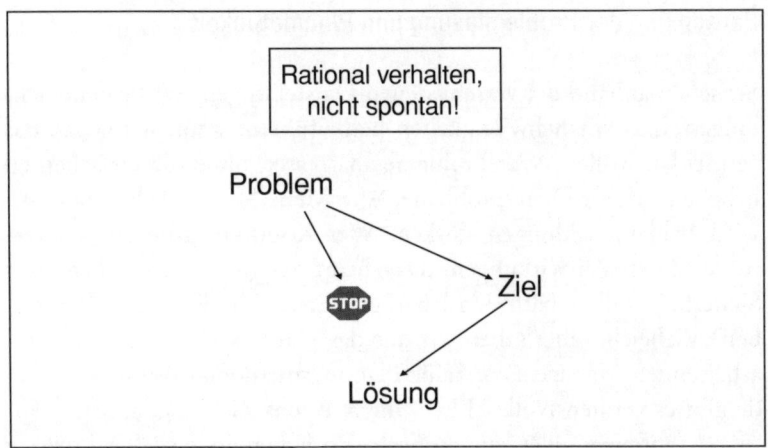

Abbildung 5: Problemlösung

Erarbeiten Sie zunächst das dazugehörige Ziel, reihen Sie es ein in die Liste der aktuellen Ziele und bearbeiten Sie es erst weiter, wenn es tatsächlich Priorität besitzt. Und dann suchen Sie nicht eine schnelle Lösung, sondern eine gute Lösungsalternative aus einer Mehrzahl von Alternativen.

Wenn Sie das nicht machen, sondern beim Problemlösen stehen bleiben, werden Sie mit großer Aktivität reparieren, improvisieren, retten, und Sie werden doch immer weiter zurückfallen. Die Strategie des Problemlösens ist, konsequent zu Ende gedacht, für jedes Unternehmen der Weg ins Desaster.

Nicht Probleme lösen,
Ziele erreichen ist die Aufgabe!

Paradoxien der Problemlösung und Planmäßigkeit

Sie sehen anhand der verschiedenen Darstellungen von Fehlentwicklungen, dass wir Schwierigkeiten herbeiführen, wenn wir genau das vermeiden wollen. Wer Probleme abarbeitet, ohne die Ursachen zu beheben, schafft Dauerprobleme. Wer Menschen für Fehler bestraft, wird Fehlentwicklungen stärken. Wer Konflikte unterdrückt, verstärkt deren Auswirkungen. Das heißt möglicherweise auch, wer Sicherheit will, schafft Unsicherheit. Erscheint das nicht übertrieben? Vielleicht, aber sehen wir uns das Hauptwerkzeug des effizient arbeitenden Managers an: Seine Planungsmethodik. Auf diesem Felde gibt es verdienstvolle Hilfen, die z. B. das Ziel beschreiben, Prioritäten abfragen oder ein größeres Vorhaben in einzelne Prozesse und Schritte zergliedern helfen. Führungserfolg ist ohne die Methoden von Zeit- und Projektmanagement schlichtweg nicht vorstellbar.

Aber aufgepasst, auch auf diesem Gebiet kommt es nur zu leicht zu dem altbekannten Bedürfnis, das auszuklammern, was man eigentlich nicht wahrhaben möchte. Die Wahrheit ist, ein Plan ist bei Fertigstellung in vielen Punkten schon veraltet. Einen Plan zu haben und diesen planmäßig umzusetzen erscheint auf den ersten Blick weit verdienstvoller, als gar keinen Plan aufzustellen. Er liefert aber nicht immer die besseren Ergebnisse. Viele Führungskräfte verfahren nach der „Augen-zu-und-durch-Strategie", d. h. der Plan wird zur feststehenden Realität und zum Maßstab. Einen Plan zu erfüllen erfordert Fleiß, eine Eigenschaft, die wahrscheinlich uns allen als positiv nahegelegt worden ist, einen Plan zu kippen braucht dagegen Mut. Mit dem Plan steht man auf der sicheren Seite. Er beruht auf ausrechenbaren Größen, das Resultat ist vorhersehbar, man erspart sich Unsicherheiten und Fehlschläge. Vorsicht also, wenn zu planmäßig gearbeitet wird, wenn Spontaneität und Überraschendes ausgeklammert werden. Sich an einen Plan zu halten ist gut, aber ein Zuviel führt auch hierbei zum Schlechten. Achten Sie vor allem darauf, ob die Augen für neuentstandene Chancen offen bleiben. Aktualisieren Sie Ihre Ziele immer wieder neu: Was ist zur Erreichung unserer Vision jetzt das Richtige?

Der Schritt von einer sinnvollen Planmäßigkeit zur Unflexibilität vollzieht sich folglich aufgrund persönlicher Bedürfnisse. Auf Basis von Sicherheitsbedürfnissen, der Suche nach verlässlicher Orientierungen und Sinn, nicht zuletzt auch aus dem Bedürfnis nach Harmonie heraus. Da jedes soziale System durch das Streben nach Bestand und Dauer geprägt ist, ergibt sich leicht ein Handel auf Gegenseitigkeit: Die Einzelperson macht Abstriche von ihrer Individualität und erhält dafür ein Stück weit Kollektividentität. Im Extrem erleben wir den Typus des autoritären Befehlsempfängers, und es bleibt unerheblich, ob man sich dabei einem abstrakten Prinzip, einem Plan oder Menschen aus Fleisch und Blut unterwirft. Daher sollten Sie rechtzeitig Ihre Verantwortung für sich selbst und für die langfristige Entwicklung der Organisation voranstellen. Auch wenn es mit Unbequemlichkeit verbunden ist, ein gewisses Maß an Querdenken und Kritikertum bleibt für das System und für jeden Einzelnen aus verschiedenen Gründen unverzichtbar. Bedenken Sie, die Menschwerdung beruht auf der Möglichkeit, eine Entscheidung zu treffen.

Machen Sie sich deutlich: Zuverlässigkeit heißt immer das Erfüllen von Erwartungen. Welcher Erwartungen? Machen Sie sich klar, welche Maßstäbe angelegt werden und ob das auch die Ihren sind. Wenn Sie immer die Erwartungen anderer erfüllen, werden die eigenen vernachlässigt. Die Folgen für Ihre Persönlichkeit will ich hier nicht behandeln. Die sind Ihr Problem. Viel schlimmer für das Unternehmen ist, dass Sie damit aufgeben, Führungskraft zu sein. Denn Führung beruht auf Dialog und Entscheidungen. Führung ist mehr als das Organisieren und Durchsetzen von Plänen, die von oberen Ebenen verabschiedet wurden. Führung muss auch ein Störfaktor im Gleichlauf der Organisation bleiben, der ein Mindestmaß an Unruhe und Bewegung bewirkt. Führung stellt kritische Fragen, ohne immer gleich die Antworten zu besitzen. Und verlassen Sie sich darauf, wenn Sie niemals gegen Erwartungen verstoßen, dann wird es kaum Gründe für Karrieresprünge geben. Beachtet werden Sie nur, wenn Sie anecken. Also orientieren Sie sich nicht kritiklos an anderen, sei es an Ihren Vorgesetzten, sei es an den Erwartungen der Mitarbeiter. Klären Sie bei Ihren Zielplanungen immer, welche Regeln geändert oder gestrichen werden sollten. Fragen Sie sich regelmäßig, wie Sie die gegenwärtige Aufgabe anpacken würden, wenn Sie ganz neu anfangen könnten. Wenn es keine Rücksicht auf Personen, Traditionen oder schon Vorhandenes gäbe. Seien Sie selbstbewusst und trainieren Sie konsequent und ständig Ihre Fähigkeit zur Selbstbehauptung an Kleinigkeiten. Damit Sie auch Nein sagen können, wenn Ihnen etwas Wichtiges dazwischenkommt.

Regeln sind niemals Selbstzweck!

Die Sackgasse der Sachlichkeit

Unternehmen zeichnen sich aus durch eine hohe Effizienz des Systems und Ausrechenbarkeit von Arbeits- und Lösungswegen. Traditionell werden die menschlichen Emotionen eher als störend gesehen und daher durch feste Sach-Reglementierungen in Schranken gehalten. Es ist keine Frage, dass Arbeitsabläufe und Routinen, z. B. in der Qualitätssicherung, unabhängig von der Persönlichkeit des Ausführenden gelten.

Wenn aber ein Problemzustand andauert, dann kann davon ausgegangen werden, dass Emotionen im Spiel sind, Befürchtungen, Enttäuschungen oder auch Polarisierungen in der Gruppe. Damit ist das Funktionieren der sonst gewohnten Spielregeln sachlicher „Kooperation" gefährdet. Es kann eine Lösung für das Problem nur geben, nachdem die Lösungsblockade selbst behandelt und aufgehoben wurde. Genau in dem Unvermögen, diese Emotionalisierungen zu erkennen und zu beheben, liegt nun gerade das Defizit einer einseitig sachorientierten Unternehmenskultur. Leider muss man ein verbreitetes Unvermögen feststellen, mit Gefühlen angemessen umzugehen (siehe die aktuelle Diskussion über „Emotionale Intelligenz", EQ).

Es war ein großes Verdienst von Ruth Cohn, mit den Regeln des TZI (Themenzentrierte Interaktion) eine angemessene Form der Kommunikation für den kontroversen Dialog zu finden. Durch die Ichform der Standpunkte wird vor allem die Sachseite betont und die Abwertung des anderen Standpunktes begrenzt. TZI betont vor allem die Subjektivität von Sichtweisen.

Einen weiteren Meilenstein zur Entwicklung einer professionellen Zusammenarbeit war die Metaplan-Methodik. Durch die inzwischen fast überall bekannten Meinungskärtchen und Pinnwände wurde die Zusammenarbeit deutlich aktiver und zielorientierter. Sie brachte diese Fortschritte aber gerade durch die Entpersönlichung der Inhalte. Die Kärtchen trennen Meinung von Person, sie werden zu personunabhängigen Statements. Das ist einerseits eine große Erleichterung für das Zulassen und Bewerten unterschiedlicher Meinungen. Andererseits wird durch die Schriftform erschwert, Gefühlsaussagen, Unsicherheiten, Ängste, Hoffnungen wiederzugeben. Bedenken Sie, dass z. B. eine Pantomime Gefühle meist besser wiedergibt als gesprochene Worte, und dass diese Gefühle dann kaum auf den knappen „Drei-Wort-Umfang" der Kärtchen zu reduzieren sind. Damit besteht die Gefahr, dass bei Anwendung der Kärtchenmethode alle Wahrnehmungsbereiche gefiltert werden, die mit Nebulösem, mit halbklaren Sichtweisen, mit unterschwelligen Ahnungen oder Intuition einhergehen.

Durch die bewusst oder unbewusst erfolgende Ausgrenzung aller Informationen, die noch nicht schriftlich fixiert sind, wird dann die Aufarbeitung persönlicher Betroffenheit in Veränderungsprozessen und auch die Arbeit an Tabus verhindert. Die Stärken der Moderationsmethode liegen in der Weiterverarbeitung von Informationen, in deren Verdichtung und der Hinführung zu gemeinsamen Entscheidungen. Ideal ist daher das Wechselspiel mit anderen Methoden, die Emotionalität und Authentizität einbeziehen helfen und die häufig auf sprachliche Mittel bewusst verzichten. Denn mit oder ohne Kärtchen kann ein sehr lebhaftes Gespräch auf der Sachebene stattfinden, ohne dass es in der Sache wirklich vorangeht. Es geht dann um Details, Verfahrensfragen, Vorwürfe oder Anforderungen an Dritte usw. Auch das ist dann eine Kommunikation zum Schein, „Scheinkommunikation".

Kommunikation im Managementteam

Manager orientieren sich völlig zu Recht an einem kampfbetonten Persönlichkeitsbild. Fast alle haben gelernt, Stress zu bewältigen, sich allein durchzusetzen, sich gegenüber Angriffen zu wehren und sich nach außen als kompetent und selbstsicher zu zeigen. Der Begriff „Führungsstärke" gilt in den meisten Unternehmen als Synonym für „Durchsetzungsstärke" bzw. „Standfestigkeit". Viel weniger gewürdigt werden die ebenfalls wichtigen Fähigkeiten, innezuhalten, zuzuhören und zu denken. Die positive Seite des kämpferischen Herangehens an Probleme sind die Entschlusskraft und das Einstehen für die eigene Verantwortung. Sie sind ein Gegenmittel gegen verspätete oder gänzlich ausbleibende Entscheidungen. Die Gefahr besteht in vorschnellen Lösungen, bei denen wesentliche Gesichtspunkte unberücksichtigt bleiben.

Offensichtlich greifen alle oberflächlichen Kriterien an die Beurteilung einer Lösungsfindung nicht tief genug, sei es die Schnelligkeit der Entscheidung oder auch die Anzahl der Lösungsalternativen betreffend. Ebenso wie ein Gespräch „Scheinkommunikation" zur Ablenkung, Selbstberuhigung oder auch Wahrung der persönlichen Fassade sein kann, dienen Alternativen, die sich nicht grundsätzlich entgegenstehen oder eben nur aus einem beschränkten Vorstellungsraum stammen, dieser Selbstberuhigung, sie sind „Scheinalternativen". Nicht zuletzt kann das hektische Handeln von Substanz- oder Orientierungslosigkeit ablenken, oder es ist direkt Folge der im Übermaß vorhandenen Stresshormone, und damit wird dann ein hohes Aktivitätsniveau zum „Scheinhandeln".

An dieser Stelle ist es nun Zeit, nicht mit dem Finger auf extreme Persönlichkeitsbeispiele zu zeigen, die wohl jeder von uns spontan vor Augen hat, sondern auf sich selbst zu blicken. Wir alle verspüren sicherlich unter Anspannung und Zeitdruck den Impuls, ein Problem schleunigst loszuwerden. In möglichst akzeptabler Form, z. B. durch eine mutige Entscheidung. Innerlich sträuben wir uns dagegen, noch tiefer einzusteigen, zusätzliche Problemschichten freizulegen, zu komplizieren – möglicherweise derart, dass eine völlige Orientierungslosigkeit entsteht – zu verzögern und letztlich das Erleiden des Problemdruckes nur zu verlängern. Wir möchten am liebsten die innere Stimme, die auf Weitermachen drängt und so unangenehme Fragen aufwirft, ebenso behandeln, wie es wohl häufig den Überbringern schlechter Nachrichten geschieht. Also sollten wir mit diesem inneren Sträuben rechnen und Problemaufzeigungen nicht nur zulassen, sondern aktiv suchen, auch im Managementteam, wobei die Häufigkeit derartig offener Gesprächsansätze zweckmäßigerweise begrenzt wird.

Die Kommunikation im Managementteam darf nicht zu einer reinen Abarbeitung von Tagesfragen bzw. zur Kontaktpflege auf hohem harmonischen Niveau verkommen, sondern muss im Sinne von Lernen zweiter Stufe immer wieder den Anstoß zu einem Blick über das Selbstverständliche hinaus bewirken.

Wer also diese Gefahr des methodisch verbrämten Selbstbetrugs erkennt, wird Methoden suchen, Ausweichkommunikation und Ausweichhandeln zu unterbinden. Das können nur Methoden sein, die ganzheitlich die Verbindung von Sachseite und Emotionalität wiederherstellen und die die vorhandenen Alternativen und Gegensätze ungeschönt und ungefiltert zu Wort bringen.

Es ist z. B. eine grundlegende Übung in Unternehmen, den Blickwinkel auf die Situation des Kunden zu verschieben und sich rechtzeitig in seine Person hineinzuversetzen. Was würde ich mir als Kunde wünschen? ... Für den, der Entwicklungsfortschritte sucht, sind Reklamationen und Gespräche mit unzufriedenen Kunden eine kostbare Ressource, um auf neue Möglichkeiten gestoßen zu werden. Der nächste Schritt besteht dann darin, sich einen besonders unzufriedenen Kunden auszusuchen. Denn Problemempfindungen und neue Bedürfnisse entstehen meist bei besonders kritischen, oft auch „schwierigen" Menschen. Daher sind auch im Unternehmen selbst eine ausreichende Anzahl kreativer „Spinner" ein Segen, denn sie erleichtern das Erkennen neuer Sichtweisen, neuer Ansätze, neuer Bedürfnisse. Dabei drängen sich diese neuen Ideen oder das tieferliegende Wissen selten anderen auf, denn es ist mehr eine Ahnung als Wissen, oft eine flüchtige Idee, die nur kurz im Verlauf eines Gespräches oder bei der Beschäftigung mit einem Thema an die Bewusstseinsoberfläche auftaucht. Wichtigste Aufgabe der Kommunikation ist es, auch diese so leicht „zu verschreckenden Ebenen" einzubeziehen. Also auch im Managementteam sollte darauf geachtet werden, dem halbfertigen und sich vortastenden Wissen genügend Raum zu geben. Es sollten nicht nur Probleme nach alter Manier abgearbeitet werden, sondern noch nicht entdeckte Probleme gesucht werden. Auf diese Weise wird dann Intuition zur weiteren Quelle von Fragestellungen und im weiteren Schritt von Ideen. Natürlich dürfen wir dann auch nicht gleich ein fertiges Konzept für Problemlösungen und Neuerungen verlangen. Erst recht verbietet es sich, vorläufige Ideen auf Mängel statt auf Chancen abzuklopfen. Es ist schon sehr viel gewonnen, wenn Suchgrößen für neue Lösungen im Bewusstsein entstehen. Die Lösung selbst braucht meist länger. Dennoch kann gelten:

*Die Frage
ist zunächst
immer wichtiger
als die Antwort.*

Innovation als Tabu

Es ist nicht auszudenken, welche Folgen die Erfindung des Rades für die Geschichte der Indianer Nordamerikas hätte haben können. Wahrscheinlich hätten sich die Kultur, Lebensform und damit die Überlebensfähigkeit der Ureinwohner völlig gewandelt. Die Frage ist daher interessant, warum das Rad nicht erdacht wurde – oder warum eine derartige Entdeckung nicht rechtzeitig als Chance für Entwicklungssprünge genutzt wurde. Beide Fragen laufen auf dasselbe hinaus. Es ist letztlich unerheblich, ob eine Idee nicht gedacht wurde, weil die festgefügte Kultur keine Fragen über das bisherige Selbstverständnis hinaus zuließ, oder ob die Verwirklichung dieser Idee durch das herrschende Bewusstsein verhindert wurde. Letztlich war die bestehende Kultur stärker und hat sich gegen ihr Infragestellen durchgesetzt. Für eine derartige Unterdrückung des Neuen liefert die Geschichte viele Beispiele. Alles was neu und unerklärlich ist, wird schnell als Bedrohung der Ordnung gesehen und möglichst schnell bekämpft. Dabei sind die bestehenden Kulturen sehr konsequent und bestrafen nicht erst die Handlung, sondern bereits den Gedanken an sie. Es war schon immer gefährlich, die falschen Fragen zu stellen und damit Herrschaftsstrukturen zu gefährden. Und eine der größten Bedrohungen für uns Menschen ist die Aufkündigung der Zugehörigkeit im Sozialverband. Eine Verbannung, Versetzung oder Entlassung dürften jeweils wohl ähnliche Gefühlsreaktionen bewirken. Tief in uns steckt daher der Instinkt, nicht zu kritisch zu denken.

Innovation als Kritik und Infragestellung der Tradition haben also offensichtliche soziale Begrenzungen. Das ist jedoch nicht der einzige Mechanismus, der neue Ideen verhindert; der Schlüsselbegriff für einen weiteren lautet „Paradigma". Kuhn (vgl. Kuhn, 1991) hat für die Welt der Wissenschaft analysiert, wie Wissenschaftler für neue Ideen oft blind wurden, weil sie einmal gefundenen Erklärungsmustern folgten und Abweichendes schlichtweg in ihrer Wahrnehmung filterten. Wenn uns eine Erklärung einmal befriedigt hat, dann verfestigt sie sich schnell, und wir versuchen, alles Weitere nach eben diesem Muster zu sehen. Die Ablehnung des Neuen geschieht dann nicht aus bösartiger Missachtung wider besseres Wissen, sondern funktioniert in Einklang mit unseren bestehenden Überzeugungen. Alles Neue hat also sehr eifrige und überzeugte Widersacher, auch in uns selbst. Daher spüren wir auch unbewusst, wann eine Fragestellung gefährlich wird. Und wir folgen viel zu leicht einem tief verinnerlichten Denkverbot. Nicht anders funktionieren Tabus in Unternehmen. Man merkt als Außenstehender an der Beklemmung der Anwesenden, wann eine Besprechung für die Gruppe unangenehme Gebiete berührt und an der allgemeinen Erleichterung, dass das Gespräch offenbar wieder in bekannte Fahrwasser gelotst werden konnte.

Die Kommunikationsregeln der Synergie

Wenn wir in einer Besprechung an die Grenzen des gemeinsamen Systemverständnisses oder auf tiefgreifende Problemstellungen stoßen, dann sollten wir die auch in uns selbst stattfindende Auseinandersetzung zwischen zwei gegensätzlichen Bedürfnissen berücksichtigen. Die wichtigste Lehre aus der Auswertung von Kommunikationsprozessen ist, dass es besonders schwer ist, die persönlichen Befürchtungen und Bedürfnisse zu artikulieren. Scheinkommunikation ist folglich deren Überspielen und Verstecken. Daher ist es eine durchgreifende Hilfe, die wichtigsten Bedürfnisse offiziell zu machen und im Rahmen eines allgemeingültigen Interessenschemas zu bearbeiten. Vor allem gibt es immer den Wert des „Bewahrens" gegenüber dem Wert des „Erneuerns". Diese allgemeingültige Ausgangssituation wird mit der nachfolgenden Skizze vervollständigt.

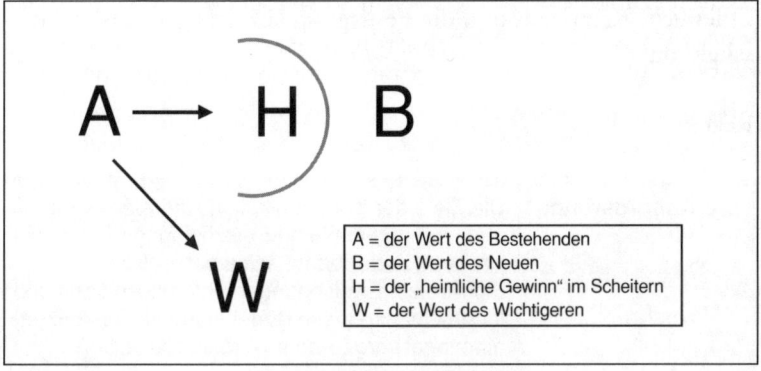

Abbildung 6: Vier Interessen

Es gibt in diesem Zusammenhang immer wenigstens vier grundlegende Interessenlagen, die alle gleichermaßen berücksichtigt werden sollten. Jede dieser vier Positionen ist sachlich wertvoll, um die emotionale Ausgangslage einer Fragestellung umfassend zu klären. Eine Diskussion dieser einzelnen Positionen mit dem Ziel der abschließenden Bewertung macht dabei wenig Sinn. Entscheidend ist die Erlaubnis, dass jeder Beteiligte sich mit seinen Gefühlen öffnen kann und sich von den anderen verstanden fühlt. Damit ist dann die Sperre gelöst und es entsteht eine Bereitschaft, sich mit neuen Gesichtspunkten konstruktiv zu befassen. Für den Wert dieses Vorgehens spielt es keine Rolle, ob eine der jeweils vier Positionen spontan unterstützt oder von Stellvertretern erdacht und auftragsgemäß durchgespielt wird. Wichtig ist nur, dass im Gespräch alle vier Sichtweisen artikuliert werden und auch entsprechend Würdigung finden. Da diese Sichtweisen in der Regel Menschen gehören, die sich damit identifizieren, ist ihnen in jedem Fall mit Respekt zu begegnen.

Die nachfolgenden Spielregeln bauen auf der erreichten Stufe von Offenheit auf. Sie sind als Anleitung für eine sachgerechte und für neue Erkenntnisse offene Kommunikation gedacht. Sie erleichtern Offenheit, Kreativität und die Festlegung auf eine gemeinsame Entscheidung.

Regeln

Die Aufforderung:	Die Ziele der Kommunikation sind Klärungen und eine gemeinsame Entscheidung für das Bessere. Jeder bringt seine persönliche Sichtweise, Empfindungen, Interessenlagen und Ideen ein, und diese dürfen vorläufig, unkonkret, emotional vorgebracht werden. Sie sollten gegensätzlich sein.
Die inhaltliche Abfolge:	Erst Interessen klären, dann Ziele vereinbaren, dann Lösungen suchen.
Die 4 Interessen:	Zur Interessenklärung gehört die Prüfung von: – Wert im Neuen (B) – Wert im Bestehenden (A) – Wert des Misslingens (H) – Wert des Wichtigeren (W)
Zielvereinbarung:	Ausgangspunkt der Lösungssuche ist die gemeinsame Festlegung auf ein eindeutiges, positiv formuliertes Ziel: Wie können wir erreichen, dass ...?
Ideensammlung:	Ideen zunächst nicht bewerten, sondern vervollständigen. Immer gehören dazu: – die ursprüngliche Idee – das Gegenteil – die Kombination aus beidem – etwas völlig anderes

Zeiteinteilung:	3/6 Interessenklärung und Zielbestimmung 2/6 Sammlung von Lösungsideen 1/6 Bewertung + Entscheidung
Zurück:	Jederzeit kann auf die Stufe der Zielbestimmung zurückgegangen werden.
Risikoklärung:	Jede Entscheidung, auch die Nichtentscheidung, hat ein Risiko. Wie gehen wir damit um?

„Und halt": Wenn ich überstimmt werde

Jetzt entsteht eine Situation, bei der das Teufelchen Schwierigkeiten macht. Es geht um die Notwendigkeit, Entscheidungen zu treffen und Positionen zu beziehen, obwohl wir doch wissen, dass keine endgültig und ohne Nachteile sein kann. Nachdem das Teufelchen entsprechend seinem Bedürfnis gehört wurde, alle verschiedenen Positionen erörtert wurden, kommt die Entscheidung, und die sollte unbeeinflusst sein von persönlicher Nähe, Sympathie und jeder Form psychischen Drucks. Hier endet die nützliche Funktion des Teufelchens als Helfer bei der Klärung eines Zusammenhanges. Wie aber wird es sich verhalten, nachdem es überstimmt wurde?

Es liegt in der Natur der Sache, dass Standpunkte und Positionen egoistisch sind. Ihr Bestreben besteht darin, die anderen Positionen auszustechen, zu übertrumpfen und letztlich in dem Wettbewerb Sieger zu sein. Wir können also davon ausgehen, dass sich Überheblichkeit oder Triumphieren auf Seiten der Mehrheit sogleich rächen und zu „Bockigkeiten", Vorwürfen oder gar Illoyalität führen würden. Und viel schlimmer, beim nächsten Mal würde das Teufelchen diese für uns so nützliche Zusammenarbeit verweigern. Wir müssen also zweierlei tun, um diesen Rückschlag zu verhindern. Gesetzt den Fall, das Teufelchen mit seinem Gegenstandpunkt wurde überstimmt, dann müssen wir a) seine Frustration verstehen und b) einen Weg finden, es dennoch „Gewinner" sein zu lassen.

Zunächst zum Gesichtspunkt der Frustration. Es macht ohne Frage mehr Spaß, in einem Wettbewerb Sieger als nur Zweiter zu sein. Die erste Reaktion auf eine Niederlage ist fast immer der Versuch, für die Enttäuschung Entlastung zu erhalten, und dabei hilft eine aggressive Handlung. Zum Beispiel erleben wir die Wirkung eines Kraftausdrucks, oder wenn wir nach erlebter Frustration ersatzweise das Sportgerät, einen Tisch oder einen beliebigen Gegenstand attackieren. Wenn sich also jemand in gerade noch akzeptabler Form seiner Enttäuschung Luft macht, dann sollten wir das begrüßen. Das ist allemal besser, als wenn die destruktive Energie gegen die eigene Person gerichtet wird oder sich auf Dauer zwischen die Beziehung der Beteiligten legt. Also lassen wir uns von der ersten Reaktion des Teufelchens nicht täuschen. Sie ist eine Ersatzhandlung.

Wichtig ist es, eine Möglichkeit zu finden, mit der auch der Unterlegene Gewinner sein kann. Das Ziel war doch nicht ein Sieg über einen anderen, sondern eine Klärung und Relativierung von Positionen, die Schaffung von Beweglichkeit in einem sonst starren Erkenntnissystem. Dazu hat das Teufelchen verdientermaßen beigetragen. Die Entscheidung hat in jedem Fall von dem Dialog profitiert. Der Gegenstandpunkt und die verschiedenen anderen Standpunkte gehören dazu. Daher vielen Dank allen Beteiligten. Vielen Dank vor allem dir, Teufelchen, denn du hast die unbequemste Rolle übernommen. Du hast unsere Gedanken aufgeschüttelt und du hast viele wichtige neue Gesichtspunkte möglich gemacht. Unsere Entscheidung wäre ohne dich nicht möglich gewesen. Wir haben Respekt vor dir und deiner Position.

Hier gibt es eine Anknüpfung an die blickverengende Wirkung zweier gegensätzlicher Positionen. Das „Entweder-Oder" blockiert dann die Zugänge zum verbindenden „Sowohl-als-auch" und auf die weitere Position im „Keines-von-beiden". Die kreative Überwindung des sich Beschränkens auf zwei Gegenpole und kompromisshafter

Zwischenpositionen wird erst möglich, wenn beide Seiten Wert-schätzung erfahren haben und ein Mindestmaß an Vertrauen her-gestellt wurde. Erst das Respektieren der Bedeutung beider Aus-gangssichtweisen macht Entkrampfung möglich und lässt Kreativität zu.

Kaum anders wird unser Problem zu sehen sein, wenn wir selbst in dieser Rolle des Teufelchens stecken und überstimmt werden. Dann spätestens ist die Sache ein inneres Problem. Dann liegt der Zwie-spalt in mir, denn eine Seite von mir möchte mit dem Team gehen und die Mehrheitsentscheidung akzeptieren, ein anderer Teil möch-te aber genau das nicht. Dieser andere Teil ist jetzt das Teufelchen, und es wird keine Ruhe geben, ehe es nicht mit Respekt behandelt wird und sich „gewürdigt" sieht.

Damit wird also die oben aufgezeigte Strategie zu einer inneren. Wechseln Sie also auch im inneren Dialog zwischen verschiedenen Positionen, in der 7. Übung wird nachfolgend eine gute Anleitung gegeben, und zeigen Sie vor allem Respekt. In Ihrem Inneren Team wird es dann ausschließlich Gewinner geben.

Sie sehen also, dass im Inneren Team wie auch im öffentlichen Teamgespräch die gleichen Erfordernisse gelten. Daher ist es auch ein so nützlicher Schritt, mit dem Training des Inneren Teams zu beginnen. Trainieren Sie dabei nicht nur den Dialog selbst, sondern auch das Gewinnen und Verlieren. Wenn Sie es schaffen, dass Ihnen kein unterlegenes Teufelchen länger gram bleibt, dann sind Sie fit für die öffentliche Umsetzung. Sie werden dann wichtige Impulse in das Gespräch einbringen, und Sie können es auch verwinden über-stimmt zu werden. Denn Sie wissen: Kein Standpunkt ist endgültig.

Eine schrittweise Einführung der das Lernen fördernden Kommunikationsregeln in Arbeitsgruppen

Neue Arbeitsformen sind zu Anfang immer ungefestigt, und es besteht auch in der Arbeitsgruppe immer die Gefahr eines Rückfalls in vorherige Praktiken. Durch die Selbstverpflichtung auf wenige, plausible Anwendungsregeln kann die neue Gesprächsform auch über längere Zeit abgesichert werden, bis sie schließlich Selbstverständlichkeit geworden ist. Für eine Übergangszeit ist es sicherlich in Ordnung, mit den starren Strukturierungsvorgaben eines Formulars die Spielräume in der Gestaltung einer Sitzung entsprechend einzuengen. Nach der wiederholten Erfahrung der Reichweite und Chancen dieser Arbeitsansätze können einzelne Formalien wieder reduziert oder an die spezielle Situation angepasst werden.

Beispiel: Die Moderationsmethode ist weniger eine Gebrauchsanleitung für Visualisierungshilfen als vielmehr eine Strukturierungshilfe. Wer einmal verinnerlicht hat, wie hilfreich es ist, erst Informationen zu sammeln und später weiterzubearbeiten, wird diese Abfolge auch ohne Kärtchen einhalten.

Durch diese grundlegenden Anleitungen kann die Tür zu neuen Sichtweisen aufgestoßen werden, und es wird selbstverständlich, dass Unterschiedlichkeit und kontroverser Dialog bei der Lösungssuche dazu gehören. Ein weiterer Vorteil ergibt sich dann schon fast von selbst. Denn diese dialektische Gesprächsform ist darauf angelegt, über den „Rand" des Vertrauens (den „Tellerrand") hinauszuschauen. Das gilt zunächst für Lösungsmöglichkeiten bei vertrauten Problemfällen, wird dann aber auch vor den Regeln und Annahmen des Vertrauten nicht Halt machen. Die Gesprächsform wird damit den Schritt zur Innovation anregen und damit zu einer Problemlösefähigkeit zweiter Stufe.

Der Erfolg einer neuen Gesprächskultur ist daran zu messen, inwieweit Scheinkommunikation verhindert wird und Problemklärungen auf der Basis von Offenheit erfolgen. Augenfälligste Merkmale der offenen Kommunikationsform sind die Anwesenheit und Willkommenheit des (teuflischen) Gegenstandpunktes.

Da dieser Ansatz den meisten Betroffenen auf den ersten Blick ja auch „teuflisch schwierig" erscheinen wird, sollte eine Umsetzung schrittweise erfolgen. Stellen Sie sich vor, Sie haben die Absicht, in Ihrem Team, mit Ihren Mitarbeitern diese Problemlösefähigkeit zweiter Stufe einzuführen. Sie sollten dann nicht übergangslos alles auf einmal verwirklichen wollen. Meine Empfehlung besteht darin, den Umfang der Strukturierung mit den drei nachfolgend abgedruckten Formularblättern schrittweise auszuweiten. Vor allem aber sollten Sie besonderen Wert auf die Erläuterung der Hintergründe legen. Erreichen Sie, dass ihre Mitarbeiter die Chance zum Einstieg in die Lernkultur als Befreiung von Behinderungen begreifen und nicht als eine andere Last. Sie sollten dann in drei Sitzungen die dazu gehörenden inhaltlichen Aspekte darstellen, die notwendigen Regeln erläutern und eine gemeinsame Selbstverpflichtung herstellen, diese Regeln in den Folgesitzungen anzuwenden.

Sitzung 1:

Verschiedene Sichtweisen ermöglichen
Zielklarheit

Ziele:
- Verringerung der Angst vor Gegensätzlichkeit
- Ein eher spielerisch experimentierendes Umgehen mit Sichtweisen
- Die Vermeidung vorschnellen Handelns und falscher Sicherheit

Regeln:
1. Der Ausgangspunkt unseres Handelns ist Zielklarheit

2. Wir berücksichtigen *alle* Sichtweisen

3. Gefühle und Intuition sind wichtige Suchhilfen

Hintergrund: Die Subjektivität von Wahrnehmung, deren Überwindung durch das Arbeiten mit verschiedenen Sichtweisen, Neigungen und Abneigungen

Verpflichtung: In dieser und den nachfolgenden drei Sitzungen das nachstehende Formular für die ein bis zwei Hauptpunkte der Tagesordnung zu nutzen.

Themenprotokoll, erstellt am .... von ....
(erstellt für jedes Hauptthema)

Anlass für die Bearbeitung:

1. Wir suchen eine gemeinsame Zielbestimmung:

Ausgangsabsicht:	Der Gegen-standpunkt	Die Kombination aus beidem
Eine völlig andere Ziel-setzung	Weiterer Gesichtspunkt (falls vorhanden)	Noch ein weiterer Gesichtspunkt (falls vorhanden)

Unsere gemeinsame
Zielbestimmung:

Wie können wir erreichen, dass ...

Abbildung 7: Themenprotokoll zu Sitzung 1

Sitzung 2:

Gute Entscheidungen kommen nach echten Alternativen

Ziele:
- Eine Entpersönlichung von Ideen
- Das Verhindern des Ausschlusses wichtiger Alternativen
- Das Gefühl der Gemeinsamkeit im Konstruieren von Ideen

Regeln:
4. Wir produzieren möglichst unterschiedliche Ideen

5. Jeder neue Blickwinkel und Ideenansatz ist willkommen

6. Jede Idee ist Ausgangspunkt weiterer Ideen

Hintergrund: Die Theorie der Paradigmenwirkung, die Selbstbegrenzung und Selbstzensur gegenüber Kreativität und deren Überwindung mit Kreativitätstechnik

Verpflichtung: In dieser und den nachfolgenden drei Sitzungen das nachstehende Formular für die ein bis zwei Hauptpunkte der Tagesordnung zu nutzen

Themenprotokoll, erstellt am .... von ....
(erstellt für jedes Hauptthema)

Anlass für die Bearbeitung:

1. Unsere gemeinsame Zielbestimmung nach Prüfung der
Ausgangsabsicht, des Gegenstandpunktes und alternativer
Zielbestimmungen:

Wie können wir erreichen, dass ...?

2. Kreative Lösungssuche:
– Woran erkennen wir, dass wir das Ziel erreicht haben?
– Woran erkennen wir, dass wir dem Ziel näher kommen?

Ideensammlung:

Das „übliche" Vorgehen

„Umkehrungen"

anders fokussieren,
differenzieren, dosieren

völlig neue Wege

Abbildung 8: Themenprotokoll, endgültige Form

Sitzung 3:

Wir sehen und tragen das Risiko gemeinsam

Ziele:
- Die Vermeidung von Illusionen
- Die bewusste Kontrolle der Risiken
- Die Gemeinsamkeit in der Entscheidung

Regeln:

7. Wir akzeptieren unsere Verantwortung, den aktuell besten Weg zum Ziel zu wählen

8. Jeder Beteiligte nennt seine „Wenns" und sein Empfinden

9. Wir benennen und begrenzen das Risiko

Hintergrund: Die Gefahr von Einseitigkeiten und Beeinflussungen innerhalb eines sozialen Systems und deren Ausgleich durch spielerische Auseinandersetzungen mit Gegenpositionen, z. B. dem „Advocatus Diaboli"

Verpflichtung: In dieser und den nachfolgenden drei Sitzungen das jetzt komplette dreiseitige Formular für die ein bis zwei Hauptpunkte der Tagesordnung zu nutzen

3. Die aktuell beste Entscheidung gemeinsam vertreten:

Die Kriterien, nach
denen wir bewertet
haben:

a) ....

b) ....

c) ....

Die drei besten Lösungsansätze:

Lösungs-ansätze	notwendige Voraus-setzungen und Rahmen-bedingungen	Was könnte schiefgehen?	Wie kann das Risiko kontrolliert und begrenzt werden?
1 =			
2 =			
3 =			

Abbildung 9: Themenprotokoll, 2. Seite

Unsere Entscheidung für Lösung Nummer:

Was ist zu tun? ....

....

....

....

Von wem? ....

Bis wann? ....

Risikenkontrolle durch wen? ....

Dieses Ergebnis wird getragen von den Beteiligten:
(Namensliste)

Datum:

Abbildung 10: Themenprotokoll, 3. Seite

Ein Führungskonzept, das diese offene Kommunikation unterstützt: „Indirektes Führen"

Dieses Buch zielt letztlich darauf ab, Führungskräfte aufgeschlossener für Innovationen zu machen und die Fähigkeiten zu stärken, mit denen sie das Neue aktiv suchen und gestalten können. Es geht folglich nicht so sehr um den Einzelnen, in dessen Interesse das Lernen liegen mag oder eben auch nicht. Das eigentliche Anliegen sind Unternehmen und deren bessere Bewältigung des Wandels. Dabei bleibt den Unternehmen kaum mehr als die Wahl, auf neue Anforderungen auch neue Antworten zu suchen oder sich auf den Ausbau der bisher erfolgreichen Ansätze zu beschränken.

Da sowohl die „Instabilität" im Unternehmensumfeld als auch „Komplexität" im Unternehmen selbst zunehmen, muss von der Unmöglichkeit ausgegangen werden, dass ein Einzelner allein und auf Dauer seine Umgebung angemessen wahrnehmen wird. Entsprechend zielen die modernen Führungsformen darauf ab, die Gesamtheit der Mitarbeiter stärker als menschliche Ressource zu sehen und deren Wahrnehmungen, Fähigkeiten und Erfahrung umfassender zu nutzen. Teamorganisation, Mitarbeiter-Coaching usw. gehen letztlich alle einher mit einer Anerkennung und Aufwertung der Mitarbeiter. Zwei Schlagworte erfassen wohl am besten, worum es geht: „Empowerment", d. h. die Freilegung ungenutzter Fähigkeiten durch Bevollmächtigung, und „Commitment", d. h. die Herstellung von Begeisterung und Selbstverpflichtung im Handeln. Auch Innovation und Lernkultur wollen jedoch angemessen gemanagt sein, denn sonst wird die Befreiung der ursprünglich so vielfältigen Handlungsantriebe im Chaos enden.

Die zentrale Frage lautet also: Wie muss eine angemessene Führungsform für das komplexe, sich dynamisch wandelnde System beschaffen sein? Dabei bleiben zwangsläufig viele Fragen offen, denn die richtige Führung ist eine Gratwanderung und eine in jedem Unternehmen neu herzustellende Balance, vor allem als Balance zwischen Freiheit und Einsicht. Die Gefahr ist immer groß, dass die zunächst so wohlklingenden Konzepte wie „Leadership" oder auch „Coaching" gerade aufgrund überzogener Erwartungen zu Enttäuschungen und damit Rückschlägen führen. Diese Gefahr besteht immer dann, wenn der angestrebte Nutzen deutlich ist, nicht aber die notwendigen Aufwendungen und teilweise auch schmerzlichen Kosten. Kreativität und Lernkultur sind ohne ein verändertes Führungsverhalten nun einmal nicht zu erhalten. Die Grundidee der meisten modernen Führungskonzepte besteht daher in dem Überwinden der Allmachtsidee eines Vorgesetzten, der sich als Chef alleinverantwortlich und alleinwissend darstellt.

Voraussetzung der modernen Führungsformen ist zunächst die Entscheidung, mit Menschen zu arbeiten und diese in deren Einzigartigkeit anzuerkennen. Dann verlangt „Empowerment" folgerichtig, unabhängig von der jeweiligen Art und Qualität des Arbeitsauftrages, die Stärkung des Selbstwertgefühls der Mitarbeiter. Ein selbstbewusstes Handeln setzt Selbstachtung der eigenen Person voraus. Nur wer sich selbst im Zusammenhang der betrieblichen Entwicklung wertgeschätzt sieht, ist in der Lage, andere und die Entwicklung selbst zu unterstützen. Wer also Lernen und Engagement im Unternehmen will, muss Menschen für ein Ziel gewinnen (der Anspruch von Leadership) und die persönliche Kompetenz ausbauen, diese Ziele auch selbst erreichen zu können (der Anspruch von Coaching). Ein möglicherweise hilfreiches Kriterium für Ihre Anwendung des modernen Führungsstils ist die Reaktion der Mitarbeiter nach Zielerreichung: Sind sie auf sich stolz, oder lobt sich der Vorgesetzte?

Es ist also nötig, das direktive Einwirken abzulegen, nicht aber das Einwirken selbst. Ein Widerspruch? Sicherlich auf den ersten Blick. Aber es gibt einen Ausweg, der den Ansprüchen des Unternehmens und der Mitarbeiter genügt. Lassen Sie mich versuchen, das mit dem Konzept des „Indirekten Führens" zu verdeutlichen.

Die Abgrenzung vom Direktiven Führen

Das „Indirekte" Führen will insbesondere kein direktives Führen sein, das den Mitarbeitern Ziel und Weg vorgibt und „intelligente" Umsetzungsvarianten ausschließt. „Direktiv" bedeutet dabei die Festlegung des Mitarbeiterverhaltens durch den Vorgesetzten. Der direktiv führende Vorgesetzten versteht sein Führen dann auch eher als rhetorische Aufgabe, d. h. er reduziert seine Kommunikation auf das Überzeugen des Mitarbeiters für bereits Festgelegtes.

Direktives Führen und Delegieren schließen sich nicht aus, denn ein Mindestmaß an Selbststeuerung wird fast immer erforderlich sein. Delegieren im Rahmen vorgegebener Ziele und Regeln entspricht in etwa dem Auftrag, einen Wagen auf einem bestimmten Parkplatz abzustellen. Auch hierbei finden sehr komplexe Selbststeuerungselemente statt, denn der Mitarbeiter muss sehen, welcher Platz frei ist, die Fahrtstrecke anhand der vorhandenen Gegebenheiten wählen usw. Es wäre schlechterdings unsinnig, derartige Details vorherzubestimmen. Komplexe Systeme können entsprechend nur unzureichend zentral gesteuert werden.

Das Delegieren im Direktiven Führen lässt folglich die Wie-Ausführung offen, nicht aber die Zielbestimmung, und das ist der springende Punkt. Die Frage besteht nun darin: Wenn das Ziel selbst falsch sein oder sich dahin entwickeln sollte und es im Unternehmen jemanden gibt, der diese Information beisteuern könnte, wie kann gewährleistet werden, dass der unnötige Fehler rechtzeitig verhindert wird? Wie kann darüber hinaus dieses Wissen genutzt werden, wenn es nur unterschwellig, also noch nicht bewusst vorhanden ist? Wenn also der Impuls zum Handeln und Einschreiten noch gar nicht besteht! Der Zugang zu den Methoden des Indirekten Führens liegt in der Einbeziehung von Infragestellen und Lernmöglichkeiten, die das Lernen nicht nur auf die Umsetzung, sondern auch auf die Zielbestimmung ausdehnen.

Auch das „Führen mit Zielen" ist schon eine indirekt ansetzende Führungsform, aber offensichtlich ist dieser Begriff nicht eindeutig genug, um für eine wirkliche Offenheit zwischen Vorgesetzten und Mitarbeitern zu sorgen. Wenn Führen mit Zielen sowohl eine positive als auch eine negative Qualität erhalten kann, kommt es also wohl weniger auf den Umfang der zugestandenen Freiheit an, als vielmehr auf den kommunikativen Rahmen. Auf die Bereitschaft, die Mitarbeiter tatsächlich zu sehen und zu hören. Es geht also um die Beziehung zwischen Vorgesetzten und Mitarbeitern, und um die Frage, ob die Führungskraft es schafft, trotz aller Distanz in Verantwortung, Status und Wissen eine gegenseitige Offenheit zu ermöglichen. Ob sie also in der Lage ist, a) auch selbst offen zu bleiben für Anregungen und Kritik auch von Seiten der Mitarbeiter, und b) dieses offenen Kommunizieren auch methodisch umzusetzen und zu erleichtern.

Das aktuell häufig gebrachte Schlagwort von der „Emotionalen Intelligenz" weist die Richtung und unterstreicht noch einmal die Bedeutung von Gefühlen gerade auch in der so sachrationalen Unternehmenswelt. Alles Neue gelingt nur, wenn das Bisherige losgelassen werden kann, wenn gelernt wird, Unsicherheiten und Befürchtungen zu bewältigen, wenn Ahnungen die Chance erhalten, Ideen und letztlich Pläne zu werden. Folglich könnte man diese

Fähigkeit des Umgehens mit Emotionen auch beschreiben als „Auf das Ungesagte hören ..." Hier schließt sich der Kreis: Indirektes Führen ist die Konsequenz aus dem Wissen eigener Grenzen und besteht in der Aufforderung, zusätzliches Wissen einzubringen.

Aber auch hier sollte sich die Frage stellen: Was könnte die Kehrseite sein? Natürlich wird leicht angenommen, indirektes Führen sein ein „schwaches" Führen, das Nachgiebigkeit, Wankelmut und letztlich auch Demotivation der Mitarbeiter bewirkt.

Dem muss zugestimmt werden, es könnte so kommen. Aber sehen Sie das eigentliche Problem, und das liegt in der Bewältigung von Unsicherheiten. Dabei sind Rigidität und das Leugnen von Risiken oder auch der eigenen Zweifel keine akzeptable Lösung, offensichtlich. Führungsverantwortung besteht gerade darin, trotz Restunsicherheiten zu entscheiden und gegebenenfalls auch zu verantworten. Sie besteht darin, diesen Rest an Unsicherheit so gering wie möglich sein zu lassen, und zwar unter Zuhilfenahme allen verfügbaren Wissens. Gleichzeitig besteht sie darin, die Entscheidung rechtzeitig zu treffen und nicht bis zur illusionären Sicherheit aufzuschieben. Daher ist die bereits erwähnte 20-Prozent-Schranke eine ganz gute Orientierung.

Indirekt Führende sind damit notwendigerweise in ihrer Persönlichkeit recht stabile Menschen, die Unsicherheiten und Risiken sehen und diese als unvermeidbare und oft bereichernde Elemente ihres Handelns einbeziehen. Die Schlussfolgerung hieraus ist daher, dass erfolgreiche Führungskräfte selten in Theorieseminaren geformt werden, eher im persönlichen Coaching und durch ihre „Persönlichkeitsentwicklung". Führungserfolg ist immer vor allem eine Frage der Persönlichkeit.

Führung in unterschiedlichen Anforderungen

Indirektes Führen beginnt, wenn ich den Anspruch aufgebe, alles allein optimal zu überblicken. Notwendigerweise werden die Ziele damit weiter gefasst und schaffen Spielräume. Die Bedeutung von „Visionen" als Überziele und „Grundhaltungen" in gemeinsamen Werten nimmt zu, damit auch die Notwendigkeit, angemessene Steuerungselemente für die ausgedehntere Selbstorganisation zu schaffen.

Offensichtlich geht die Gestaltung von Lernkultur einher mit der Ausweitung von Freiräumen. Das muss natürlich in Einklang bleiben mit der Struktur der Aufgabe. Nichts wäre unsinniger und auch verletzender als die Erklärung von Freizügigkeiten ohne Vorhandensein tatsächlicher Gestaltungsmöglichkeiten. Daher sollten Sie Ihre Führungsform und die Unternehmenskultur nur entsprechend den real vorhandenen Möglichkeiten schrittweise ausweiten.

Es gibt nun zwei Maßstäbe, die bei der Entscheidung über die Freizügigkeit für Mitarbeiter weiterhelfen und damit ein Kriterium für die Wahl der Führungsmethode liefern.

Ein erster Gesichtspunkt ist die Dynamik von Systemen. Wenn z. B. die „Kundenzufriedenheit" als Vision definiert wird, dann ist dieser Begriff keineswegs feststehend. Er entwickelt sich, verändert sich und stellt sich immer wieder neu in Frage. Das System „Kunde" ist daher „instabil" im Gegensatz zu einem eher stabilen technischen System Heizkörper, das nicht unvorhersehbar reagieren kann. Das erste Kriterium, um die eigene Führungsmethodik zu planen, ist damit der Systemzustand, unterschieden nach „stabil" und „instabil".

Das zweite Kriterium besteht in der Kompliziertheit des Systems. Wenn es aus wenigen, klar überschaubaren Einflussgrößen besteht, wenn nur eine begrenzte Zahl von Zuständen bedacht werden muss, dann gilt es als „einfach", andernfalls als „komplex".

Systemzustand „instabil" (die Zustände der Komponenten sind nicht alle vorhersehbar)	**Zielvereinbarung** (Freiheit im Wie)	**Selbstorganisation** (Freiheit im Was + Wie)
Systemzustand „stabil" (die Zustände der Komponenten sind vorhersehbar)	**Weisung** (Festlegung des Was und des Wie)	**Auftrag** an Spezialisten (Freiheit im Wie)
	Systemorganisation ist „einfach" (wenige Komponenten)	Systemorganisation ist „komplex" (viele Komponenten)

Abbildung 11: Systemvarianten und Führungsmethodik

Beispiel Steuerung eines Schiffes (vgl. Eberling, 1996).

1. Ein Schiff befindet sich in unkritischer Situation auf dem offenen Meer, und der Rudergänger hat einen vorgegebenen Kurs einzuhalten. Das System ist einfach, denn es erfordert jeweils nur den Abgleich von Soll-Kurs und Ist-Kurs. Der Systemzustand ist stabil, denn die Ruderbewegungen erbringen vorherschaubare Resultate. Daher ist die *Weisung* angemessen.

2. Das Schiff befindet sich in einer bekannten Küstenregion. Damit steigt die Komplexität der zu berücksichtigenden Einflüsse, z. B. Untiefen, Schiffsverkehr, Fahrgebietsregelungen usw. Da aber die Details bekannt und das System planbar sind, wird die nötige Kursplanung dem Fachmann „Navigator" oder einem Lotsen übertragen. Die Veränderung des Zieles ist dabei nie eigenmächtig möglich. Dieser Vorgang entspricht dem *Auftrag*.

3. Beim Anlegen in einem bekannten Hafen sind die Anforderungen überschaubar. Es sind Abstände einzuhalten, Geschwindigkeit und Richtung zu regulieren. Allerdings ist das System nicht vorhersehbar, denn die anderen Schiffsbewegungen bilden allemal Unsicherheitsfaktoren. Es ist daher im eigenen Interesse, zu einem Führen mit Zielen und *Zielvereinbarungen* überzugehen. Es bestehen Freiräume, und der Weg bis zum vereinbarten Liegeplatz kann eigenmächtig variiert werden.

4. Im Falle des Erkundens eines unbekannten Zielgebietes muss auch die Wahl des Liegeplatzes bzw. sogar die Frage des Anlegens in die Hand der Personen vor Ort gelegt werden. Eberling und Kurz (vgl. Eberling, 1996) sprechen von der Notwendigkeit einer „Columbus-Strategie", mit der vielleicht auch das Entdecken neuer Erdteile gelingen kann. Diese Führungsform ist ein Delegieren im weiteren Sinne, eigentlich *Selbstorganisation*, manchmal wird auch von „Strategischer Führung" gesprochen. Dabei müssen Vision und Wertekonsens für ein Mindestmaß an Sicherstellung der Ergebnisse sorgen. Diese Form der Führung ist vor allem der weitgehende Verzicht auf ein unmittelbares, persönliches Einwirken.

Da wir zunehmend mit komplexen und instabilen Systemen konfrontiert werden, stellt sich die Frage: Wie führt man einen Chr. Columbus? Was kann ich tun, damit mein Mitarbeiter Entdecker sein will, sein kann und mit seinen Bemühungen Erfolg hat? Sicherlich ist es wichtig, ihm nicht zu sehr im Wege zu stehen. Aber das allein ist nicht genug.

Die eigene mentale Ausrichtung auf das Indirekte Führen:

1. Die erste Voraussetzung ist das Akzeptieren der eigenen Begrenztheit von Wahrnehmung. Wir tun also gut daran, alle Möglichkeiten zur Aufnahme zusätzlicher Informationen und Sichtweisen zu nutzen.

2. Die zweite Voraussetzung ist das Definieren von Unsicherheit. Es gehört Mut dazu, Fragen zu stellen und sich Zeit zu nehmen. Es ist ein Zeichen von Schwäche, durch Aktionismus und vorgetäuschte Sicherheit von tieferliegenden Zweifeln und Widersprüchlichkeit abzulenken.

3. Die dritte Voraussetzung ist die Bereitschaft, trotz der erkannten Unsicherheit zu handeln und zu entscheiden. Sie ist das Akzeptieren einer immer bestehenden Restunsicherheit. Diese Bereitschaft führt direkt zu Dankbarkeit für Erfolg, zum Akzeptieren von Fehlschlägen.

4. Als Viertes folgt die Entschlossenheit zu lernen. Wir machen Fehler, aber Fehler helfen uns, es beim nächsten Mal besser zu machen. Und wir sollten alles daran setzen, einen Fehler nicht zweimal zu machen.

5. Und schließlich als Fünftes die Bereitschaft, diese Gedankengänge auch für andere gelten zu lassen. Die Mitarbeiter zu achten, ihre Fähigkeiten zu würdigen und mit ihnen in offener, akzeptierender Form zu kommunizieren.

Die Methoden des Indirekten Führens

1. Das Problem nicht abnehmen!

Nehmen Sie dem Mitarbeiter sein Problem, seine Fragestellung nicht ab. Lassen Sie Ihren Blick beim Mitarbeiter und fragen Sie, wie Sie helfen können, damit er selbst für sein Problem eine Lösung findet.

Abbildung 12: Zu wem gehört das Problem?

In dem obigen Bild sehen Sie die Gefahr, gemeinsam den Blick auf das Problem zu lenken. Die Mitarbeiterin wird dann abwarten und Ihnen den ersten Schritt ermöglichen. Damit stecken Sie in der Falle der Verantwortungsübernahme. Blicken Sie weiterhin auf die Mitarbeiterin. Nicht das Problem ist entscheidend, sondern wie sie an das Problem herangeht. Gehen Sie davon aus, dass die Mitarbeiterin näher als Sie am Problem und damit auch an der möglichen Lösung ist. Nur besteht oft aus verschiedenerlei Gründen eine Hemmung, unvoreingenommen zu denken. Denken Sie nur an die Schwierigkeiten, die einfache Methode des Brainstormings tatsächlich durchzuführen. Vermeiden Sie daher Ratschläge und eigene Ideen. Stellen Sie lieber Fragen, mit denen Sie das Denken aktivieren, mit denen Sie Mut machen, verschiedene eigene Gedanken an die Oberfläche des Bewusstseins kommen zu lassen.

Zwei Orientierungshilfen von Ihrer Seite sind ausreichend: Richten Sie die Überlegungen auf das Ziel aus, und lassen Sie die Bewertung von Alternativen zurückstellen. Durch die Hilfestellung gut gewählter Fragen können Sie die beim Mitarbeiter vorhandenen Fähigkeiten freilegen, die er vielleicht nur aus falscher Scheu oder Unsicherheit zugedeckt hatte. Wenn Sie aber Ihren Blickpunkt auf das Problem verlagern und selbst beginnen, über die Lösung nachzudenken, dann sind Sie verloren. Dann wird das Problem am Ende des Gespräches in Ihren Besitz übergegangen sein. Die Amerikaner haben dafür ein sehr sinnfälliges Bild, den „Klammeraffen", den man Ihnen zu gern auf die Schultern setzt und den man sich mit Monkey-Management vom Leibe halten sollte (Blanchard).

Fragen, die Sie z. B. stellen könnten:
- Was meinen Sie, sollten Sie jetzt tun?
- Was könnte man tun?
- Worauf kommt es dabei vor allem an?
- Wie würden Sie es am liebsten anpacken?
- Kennen Sie einen vergleichbaren Fall – und wie sind wir dabei vorgegangen?
- Welchen Rat, welche Unterstützung benötigen Sie?
- Wo können Sie diese Unterstützung finden?
- Womit müssen Sie anfangen?

Denn: Wenn es Zeit war, zu Ihnen zu kommen, dann ist es auch Zeit, nachzudenken!

Achten Sie darauf: Ihr Blick bleibt beim Mitarbeiter!

2. Die Weiterentwicklung unterstützen

Wenn Ihre Fragetechnik nicht gleich zu befriedigenden Erkenntnissen geführt hat, nicht die Geduld verlieren und einspringen. Stattdessen sollten Sie die Bedeutung der Lösung unterstreichen und dafür sorgen, dass das Leistungsbewusstsein hoch bleibt. Sorgen Sie dafür, dass der Lösungsprozess weitergeht, dass der Mitarbeiter weitersucht und Fortschritte macht. Sie können ihm notfalls mit kleinen Tipps auf die Sprünge helfen. Dabei ist dann aber entscheidend, dass Sie diese nicht als Anweisung, sondern als Möglichkeit nennen. Die Entscheidung, was getan wird, muss beim Mitarbeiter bleiben: „Sie könnten anfangen mit ..." „Vielleicht passt es, wenn ..."

Aber Vorsicht, diese Tipps erst dann geben, wenn der Mitarbeiter selbst Vorschläge und Alternativen entwickelt hat und Sie ihm damit nichts abnehmen, sondern Lernprozesse unterstützen.

Dennoch, es benötigt wohl keiner Worte, dass im Brandfalle alle diese Regeln missachtet werden dürfen.

3. Das System managen

Betrachten Sie die Situation unter erweitertem Blickwinkel.

Die Mitarbeiter und ihr Handeln sind das Beispiel für ein einfaches, geschlossenes System. Sie könnten ebenso den Vorstand einer AG nehmen, und Sie sind der Aufsichtsrat. Die Frage ist: Wie kontrolliere und „manage" ich als Außenstehender dieses System? Offenbar will ich gar nicht wissen, was er getan hat, solange dieses Tun erfolgreich ist und keine Schwierigkeiten nach sich zieht. Ich muss also wissen, wie das System funktioniert. Da wesentliche Ergebnisse, vor allem der Gewinn bzw. der Verlust, nachträglich nicht korrigierbar sind, sollte jetzt die Idee des Controlling auf möglichst alle wesentlichen Systemmerkmale angewandt werden, damit schon zwischen-

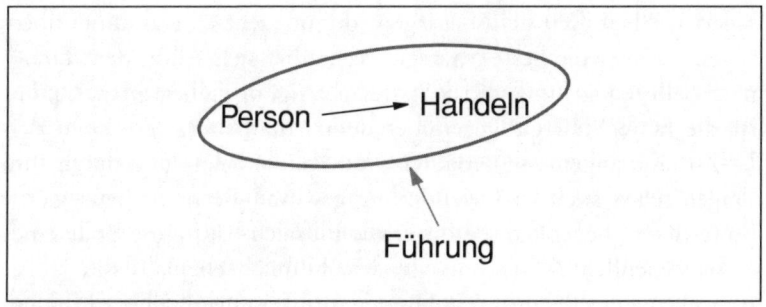

Abbildung 13: Das System managen

zeitlich Entwicklungsverläufe sichtbar werden. Wie ist also gegenwärtig die Auftragslage, wie ist die Kundenzufriedenheit derzeit und im Vergleich zu früheren Ergebnissen, wie steht es mit der Mitarbeitermotivation?

Damit stehen wir an einer besonderen persönlichen Herausforderung. Das Dilemma besteht darin, nur mit Abstand zum System die Systementwicklung beurteilen zu können und mit diesem Abstand gleichzeitig die direkten Einflussmöglichkeiten zu reduzieren. Sie gewinnen an Übersicht, verlieren aber an Situationsgespür und Detailwissen. Sie müssten aus der Rolle des „Draußenstehenden" diesen Wissensverlust durch objektive Daten ausgleichen und sich auf Schlüsselfaktoren bzw. Abweichungen konzentrieren. Dieser Schritt fällt in der Regel schwer, denn er ist der Verzicht darauf, etwas direkt „im Griff" zu haben und im Kampfgetümmel des Tagesgeschäfts die eigene Lebendigkeit zu spüren. „Wozu Statistiken? Ich kenne doch den Laden ..."

Natürlich ist diese eher intuitive Trenderfassung sehr fehleranfällig. Selbst wenn Sie Fachmann sind und den Betrieb von Grund auf kennen gelernt haben, sollten Sie wichtige Einschätzungen immer objektivieren. Damit Sie diese Daten bekommen bzw. die erhaltenen Daten unverzerrt werten, sollten Sie Ihr Vorwissen weitgehend ausblenden, Sie sollten sich sozusagen „dumm stellen". Das klingt überzogen, ist aber die beste Strategie gegenüber sich selbst, dem Drang nach Selbstdarstellung und Selbstrechtfertigung zu begegnen. Und es ist die beste Strategie gegenüber dem Mitarbeiter, der Ihnen den Ist-Zustand angemessen erläutert, mit Fakten belegt und durch Ihre Fragen selbst auch an Orientierung gewinnt. Bevor Sie jetzt gleich protestieren, bedenken Sie bitte, wie hilfreich häufig die Rolle eines außenstehenden Moderators ist, wie hilfreich ebenfalls die Fragetechniken eines Beraters sein können, um Lösungen selbst zu finden. Sie haben es doch nicht nötig, immer wieder Fachkompetenz zu beweisen! Zeigen Sie stattdessen lieber Führungskompetenz!

Schritt a) Die wesentlichen Kriterien definieren für

- Stabilität,
- Wachstum,
- inhaltliche Entwicklung,
- Risikominderung.

Schritt b) Feedbackschleifen einrichten. Denn nicht Sie sollen ständig bewerten, sondern vor allem der Mitarbeiter soll die Feedbackschleifen für seine Navigation im System benutzen. Sorgen Sie also dafür, dass Ihr Mitarbeiter alle wichtigen Information zu Bewertung und Kontrolle seiner Arbeit selbst zur Verfügung hat.

Schritt c) Verantwortungen festlegen und gegebenenfalls „entkoppeln". Denn Sie als Führungskraft sind vorzugsweise verantwortlich für die Behebung von Systemschwierigkeiten, die das Vorankommen bzw. eine Lösung mit Eigenmitteln behindern. Eine im Rahmen komplexer Ergebniseinflüsse zunehmend häufige Systembehinderung tritt auf, wenn die Einzelverantwortung aufgehoben scheint oder nicht mehr eindeutig abzugrenzen ist. Wenn z. B. für eine Optimierungsaufgabe zwei Personen nötig sind, dann scheint in der Regel keine Einzelverantwortung zu bestehen. Die Verantwortung erhält dann der zwischengeschaltete Spezialist als externer Zuarbeiter, bzw. sie wird in eine entfernte Fachabteilung verlagert, auf einen externen Berater oder eben auf den Vorgesetzten selbst.

Möglicherweise kommt aber diese zugeschriebene Verantwortung bei diesem niemals an, und die notwendige Entscheidung unterbleibt. Die Führungsregel lautet daher: Der Vorgesetzte verantwortet alles in seinem Bereich, für das nicht ein anderer geradesteht. Eine mögliche Lösung ist dann das Klären, Aufteilen in Teilverantwortlichkeiten oder das Bestimmen einer Art Projektverantwortung zur Herstellung einer Lösung mit mehreren Beteiligten.

Es gibt einen zusätzlichen Gesichtspunkt, warum das Entkoppeln von Komplexität oft mehr Sinn macht als die Suche noch Optimierungen. Denn eine Optimierung ist häufig die Suche nach dem geringst möglichen Nachteil bei gegebenen Verhältnissen. Durch Entkoppelung in Einzelverantwortlichkeiten kommt durch die Suche nach Optimalität wieder Dynamik in das System, sodass auch insgesamt günstigere Systemwerte gefunden werden können. Meist ist es ergiebiger, wenn alle beiden Beteiligten ihre Teilverantwortung sehen und optimieren. Ein sehr eingängiges Beispiel für die Entkoppelung von Komplexität steht bei Rommel u. a. (1993): Die Optimierung der Rüstzeiten in Hinblick auf Lagerkosten für die Teile, die zwar mitgefertigt, zunächst aber nicht verkauft wurden, erscheint zunächst als reine Rechenaufgabe für Spezialisten, auf deren Ergebnis entsprechend gewartet werden muss. Die Entkoppelung und damit Zerlegung in zwei einfachere Teilverantwortungen verpflichtet nun aber den Produktionsvorgesetzten beispielsweise, an der Reduzierung der Rüstzeiten bzw. Losgrößen zu arbeiten, den Lagervorgesetzten, seine Lagerkosten zu reduzieren. Unter dem Strich ist es für die Systementwicklung vorteilhaft, viele Einzelne in die Weiterentwicklung einzubinden. Die Wirkung vieler kleiner Fortschritte erscheint meist größer als ein seltener innovativer Durchbruch. Ideal treffen Sie es, wenn Sie beide Ansätze kombinieren: Entkoppeltes Bemühen in Details und gemeinsame Projekte für das Übergreifende.

Bedenken Sie immer, das Vorenthalten von Verantwortung führt fast immer zur Hinnahme eines bestehenden Zustands, dessen Veränderung ja nicht in Reichweite der eigenen Möglichkeiten liegt. Nur die Verantwortungsträger vor Ort werden an Verbesserungen tüfteln, das erreichte Niveau überwachen und ihre Mitarbeiter zu Sorgfalt und Verbesserungen anhalten. Wenn es denn so ist, dass der eigene Garten am besten gepflegt wird, dann wäre die Folgerung, bearbeitbare Gartengrundstücke für begrenzte Zeiträume zuzuteilen und im Übrigen mit Ausbildung, Rat und Unterstützung gute Rahmenbedingungen für die Eigeninitiative zu schaffen. Die Konsequenz wäre also, Eigentumsverhältnisse und damit Eigentümermentalität zu ermöglichen.

Das Handeln der Führungskraft ist in erster Linie gefordert, sobald die Problemlösefähigkeit und Innovationskraft eines Systems gefährdet scheint. Die dann notwendigen Interventionen betreffen die Klärung von Zusammenhängen, die Herausarbeitung von Zielen und Teilzielen und davon abgeleitet die Klärung von Verantwortung, Strukturen und der Zuteilung von Ressourcen. Die Führungsverantwortung besteht vor allem darin, rechtzeitig diese Störung zu erkennen und Lösungen in Gang zu bringen.

Schritt d) Das Hauptaugenmerk auf globale kulturelle Merkmale des Systems richten: Leistungsbereitschaft, Innovationsbemühen, Kundenorientierung, Einhaltung ethischer Grundsätze. All das wird unter dem Oberbegriff Unternehmenskultur häufig zusammengefasst.

Mit der nachstehenden Grafik sollte die Häufigkeit des Handelns im Alltag deutlich gemacht werden. Die Basis und damit Ihr wichtigstes Augenmerk wäre danach die Leitungsbereitschaft.

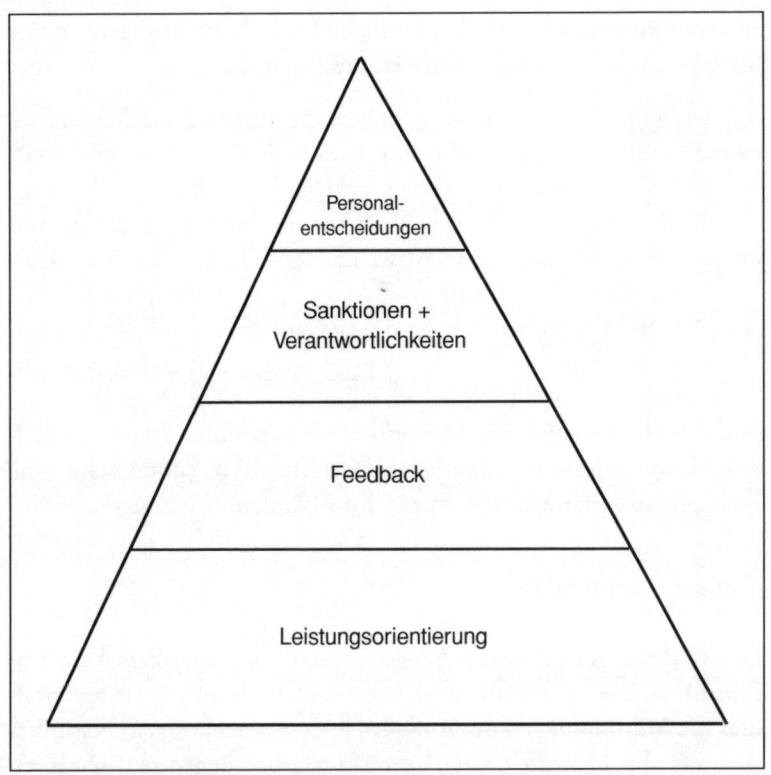

Abbildung 14: Regulationssystem des Unternehmens
Quelle: In Anlehnung an F. Malik, 1993

Folglich kommt es darauf an, den Mitarbeitern eine Selbststeuerung in Hinblick auf Zielerreichung zu ermöglichen. Die Selbstkontrolle erfordert weit gehendes Wissen über Systemzustände, Ergebnisse, Veränderungen, d. h. eine weit gehende Information, Charts, Zahlen, Analysen usw., die unter dem Schlagwort Feedback zusammengefasst werden. Auf Probleme, die nicht von den Mitarbeitern behoben wurden, reagieren Sie als Führungskraft mit den passenden

Interventionen, die dann Anpassungen und Orientierungen im Arbeitssystem oder auf persönlicher Ebene bewirken.

An der Spitze der Darstellung stehen die Personalentscheidungen, einmal, weil sie so gravierend sind, zum anderen, weil sie eine weitaus geringere Häufigkeit aufweisen. Die Betonung der Personalentscheidungen steht hier gleichfalls für die Bedeutung der Konsequenz in der Führung. Dabei ist weniger entscheidend, was Sie konkret tun werden, als vielmehr die Erwartung der Beteiligten, dass Sie eine Situation wahrnehmen und gegebenenfalls handeln werden. Ohne diese Erwartung von Konsequenz in der Umsetzung notwendiger Strukturentwicklungen und ohne rechtzeitige Interventionen in das System werden Sie auch mit einer Columbus-Strategie scheitern. Dann würde die Preisgabe des Direktiven Führens auf eine Preisgabe des Führens schlechthin hinauslaufen.

4. In die Zukunft führen

Das Bild des geschlossenen Systems macht eins vor allem klar: Ein System ist immer gefährdet, sich zu sehr nach außen abzugrenzen und die Anforderungen der Außenwelt zu vernachlässigen. Natürlich sind alle „bis über die Ohren" mit Tagesarbeit zugedeckt, natürlich gibt es ständig existenzielle Probleme, die unbedingt zuerst gelöst werden müssen. Sie als Führungskraft sollten sich vor allem um die Anforderungen für die Weiterentwicklung kümmern und das System in ausreichendem Maße beunruhigen bzw. für Herausforderungen gewinnen. Von einem großen Bankier wird der Ausspruch berichtet: „Wenn ich ab morgen nicht mehr in die Bank ginge, dann würde das jetzt kaum einer merken, aber in vier Jahren ..."

Hier schließt sich der Kreis. Die Darstellung des „Indirekten Führens" ist keine grundlegend neue Methode und steht auch nicht in Widerspruch zu anderen, zweifellos bewährten Führungsmethoden und Führungsmodellen. Alle diese Ansätze sind im Übrigen ja Optimierungen in Hinblick auf ganz besondere Sichtweisen. „Leadership" betont dementsprechend den Aspekt Visionen und Führung in die Zukunft, „Coaching" den Aspekt der Mitarbeiterentwicklung. Sie können beides in das Indirekte Führen integrieren.

Das Indirekte Führen ist damit in erster Linie eine neue Sichtweise, die von Personen und Fragestellungen abstrahiert. Sie abstrahiert auch von der Person des Führenden selbst. Übrig bleibt die Frage, wie von außen das Funktionieren und die gewollte Weiterentwicklung eines Systems bewirkt werden kann.

Dieser Ansatz wäre ohne die Einwirkung des Teufelchens nicht möglich gewesen. Denn das Teufelchen erinnert immer daran, ein System nicht wirklich im Griff haben zu können. Es macht auch schmerzhaft klar, wie sehr und wie schnell sich Führungskräfte von Detailkenntnissen entfernen. Es erinnert ebenfalls daran, dass letztlich nur die Wahl zwischen zwei Fehlern besteht, die Wahl, zu sehr einzugreifen mit nichtgewollten Folgen für das Verantwortungsbewusstsein, oder durch zu geringe Eingriffe die Entwicklung sich selbst zu überlassen.

Da das Teufelchen folglich verhindert hat, dass unzureichende Lösungen hingenommen wurden, hat es den Druck verstärkt, nach weiteren Alternativen zu suchen. Mit der Indirekten Führung bietet sich ein derartiger Ausweg.

Wenn man für diese Suche erst einmal sensibilisiert ist, dann kommt es glücklicherweise häufig zur Entdeckung ganz ähnlicher Fragestellungen und Antworten in anderen Bereichen, z. B. in Konzernzentralen, die überraschend klein gehalten sind und dennoch eine Vielzahl von Geschäftsaktivitäten lenken. Oder im Internet, das eine Nachricht selbst ihren Weg zum Empfänger suchen lässt, und sicherlich viele Parallelen mehr. Ganz offensichtlich kommt es zunächst auf die Veränderung der Suchbegriffe an, denn diese leiten zu neuen Sichtweisen.

Je mehr Sie sich mit dem Indirekten Führen beschäftigen, umso häufiger werden Ihnen Beispiele begegnen, die auf die eine oder andere Weise Anregungen für die eigene Situation bieten. Vor allem werden Sie wahrscheinlich entdecken, dass es eine Instanz geben muss, die ein relativ eigenständiges System auf außenliegende Ziele ausrichtet. Wenn die Ziele außerhalb des unmittelbaren Wahrnehmungsbereiches liegen, dann muss die Lenkungskraft auch außen positioniert sein. Sie sollten daher ebenfalls darauf achten, draußen zu bleiben und sich nicht vom Mitarbeitersystem und allen seinen Details aufsaugen zu lassen. Nur mit der Übersicht des Abstandes können Sie wahrnehmen, ob sich das System als Ganzes weiterbewegt. Nur aus dieser Außenposition können Sie Einfluss nehmen. Sie als Führungskraft sind nicht Teil des Systems Mitarbeitergruppe bzw. Teil Ihres Teams!

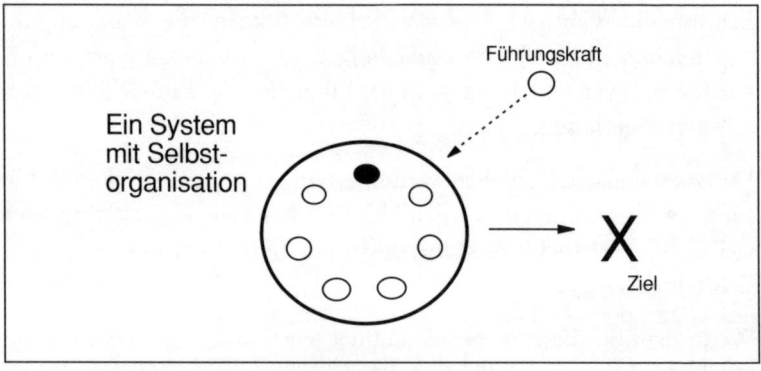

Abbildung 15: Manager und Mitarbeitersystem

Indirektes Führen =
Das geführte System
von außen sehen
und bewegen

Training der Wahrnehmung und der Intuition durch acht Übungen

Übersicht zu den Übungen:

Einseitigkeiten aufweichen

1. Übung: Zirkulär fragen

2. Übung: Den Kontext sehen

3. Übung: Zurückgehen auf die Stufe der Interessen

Sichtweisen erweitern

4. Übung: Rollenwechsel

5. Übung: Standpunkte kippen

6. Übung: Zerlegen und kombinieren

Entscheidungen prüfen

7. Übung: Die Aufstellung der Alternativen

8. Übung: Fantasiereise

Einseitigkeiten aufweichen

1. Übung: Zirkulär fragen

Methodik:

Das wohl wichtigste Mittel, verhärtete Standpunkte aufzuweichen, ist eine besondere Fragetechnik. Mit „zirkulären" Fragen wird sozusagen ein Bogen geschlagen zu einem anderen Blickwinkel auf das beibehaltene Thema. „Zirkulär" ist dabei das „Um-die-Ecke-Fragen": Was meinen Sie, wie Herr X Ihre Situation sieht? Wie würde er auf die entsprechende Frage antworten? Was glauben Sie, wie ist seine Annahme, wie Sie das Problem sehen ...?

Ganz offensichtlich erfordert diese Hineinversetzen in den Anderen die volle Konzentration. Das verringert die Präsenz der bisherigen Argumente und ebenfalls den Grad emotionaler Anspannung.

Beispiel:

Der Vorgesetzte versucht, einen Streit zwischen zwei Mitarbeitern zu schlichten:

„Was würde Ihr Kollege antworten, wenn ich ihn nach seinem Problem mit Ihnen fragen würde?"

„Was, meinen Sie, worauf kommt es ihm bei einer Lösung vor allem an?"

„Was, meinen Sie, hält er für Ihr Hauptproblem?"

Möglichkeiten:

Der Nutzeffekt wird deutlich, wenn man sich die Drei-Personen-Konstellation bei der Streitschlichtung vor Augen hält. Der Vermittler muss vermeiden, dass die zwei Kontrahenten ausschließlich auf dem eigenen Standpunkt beharren, die Position des anderen angreifen und sich die Situation schnell verhärtet bzw. eine Eskalation des Streites erfolgt. Zirkuläres Fragen dient dazu, Kommunikationsblockaden und damit Wahrnehmungsblockaden zu vermeiden. Denn intuitiv wissen wir eine Menge mehr über unser Gegenüber und den sachlichen Zusammenhang, über Möglichkeiten und auch Risiken. Und dieses intuitive Wissen wird durch das Hineinversetzen in den anderen Betrachtungspunkt aktiviert. Die Vorteile dieses Ansatzes gelten ebenfalls für den Selbstdialog, z. B. vor einem Überzeugungsgespräch, z. B. vor einer Verkaufssituation oder Verhandlung. Denn wir erreichen meist das Ergebnis, das wir uns im Geiste vorab vorgestellt haben. Unser Verhalten ist ausgerichtet daran, wie wir uns das Verhalten des anderen vorstellen. Wir haben eine Erwartung über seine Erwartung! Mit dieser Voreinstellung gehen wir dann in das Gespräch und tragen unwillkürlich dazu bei, dass unsere Erwartung auch in Erfüllung geht. Unser eigenes Verhalten und unsere unwillkürlich ausstrahlende Einstellung bewirken in der Regel die erwartete Reaktion des anderen. Vor allem wenn unsere Erwartung negativ geprägt ist, macht es Sinn, diesen Mechanismus durch die folgenden Überlegungen zu korrigieren:

Gesprächsvorbereitung

Wie wird mein Gesprächspartner seine aktuelle Situation beschreiben?

Was wird er antworten, wenn ich ihn nach seinen Zielen und Verbesserungsabsichten frage?

Was wird er als seine Interessen benennen, auf die er Rücksicht nehmen muss?

Woran würde mein Gesprächspartner ein positives Gesprächsergebnis festmachen?

Wie wird sich aus Sicht meines Gesprächspartners ein positives Gesprächsergebnis auswirken?

2. Übung: Den Kontext sehen

Möglichkeiten:

Wir sind abhängig von vielfältigen sozialen Bezügen und Bindungen, die alle ihre besonderen Erwartungen als „Aufträge", positiv als Erlaubnis oder auch negativ in Form von Geboten und Verboten, an uns richten. Oft machen wir uns diese Einflüsse nicht bewusst und können uns daher auch nicht von ihnen frei machen oder sie in eine uns gemäße Form abändern. Vor allem schaffen wir es in unserer Vorstellung kaum, diese verschiedenen Bezüge gleichzeitig und nebeneinander zu sehen. Durch das Aufzeichnen der verschiedenen an uns gerichteten Aufträge in einem gemeinsamen Bild verschaffen wir uns Übersicht. Wir sehen sie in einem einzigen Bild und können daraus Ungleichgewichte, Unvereinbarkeiten oder Einseitigkeiten leichter erfassen. Wir können uns daraufhin leichter entscheiden, Bezüge zu einzelnen Bereichen neu zu bestimmen. Vor allem, wenn ein Interessenkonflikt oder ein Entscheidungszwiespalt uns in unserem Handeln behindert.

Methodik:

Auf ein Blatt Papier zeichnen Sie einen Kreis und schreiben hinein, um welche Fragestellung es Ihnen geht, das Ich, Ihre spezielle Aufgabe oder z. B. auch eine Projektgruppe. Wie die Blätter einer Blüte zeichnen Sie dann um diesen Kern ringsherum die verschiedenen, aktuell Einfluss nehmenden Aufgaben, Personen, Gruppen oder auch Prinzipien. Das Gewicht des entsprechenden Bereiches kann durch die Größe und Form des Blattes variiert werden.

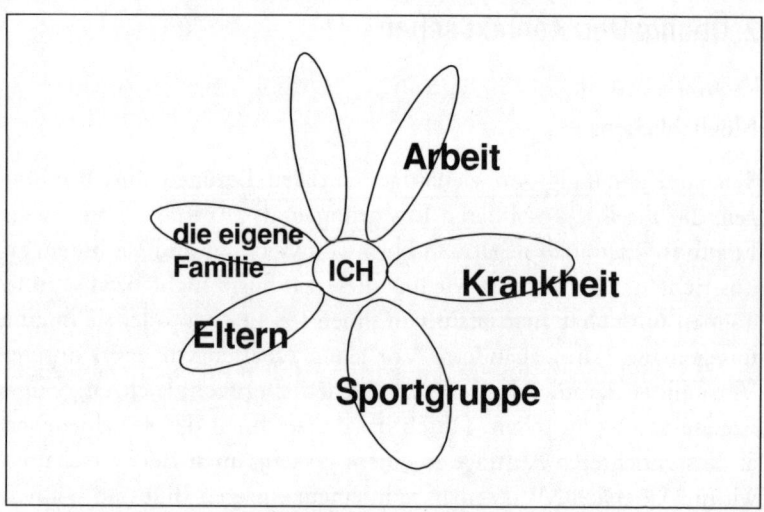

Abbildung 16: Die Einflussbereiche

Danach wird in jeden Bereich das geschrieben, was die Erwartung an uns ist. Die wörtliche Rede ist dabei wichtig, z. B. „Bleib bei uns!", „Schaffen Sie den Umbruch" oder „Sie dürfen alles tun, es darf nur keinen Ärger geben ..."

In der Gesamtsicht fällt es jetzt leichter, Unvereinbarkeiten, Überforderungen oder auch hilfreiche Unterstützungen wahrzunehmen. Folgerichtig wird in einem dritten Schritt die Formulierung der eigenen Antwort vorgenommen.

Anwendung:

Zeichnen Sie die auf Sie einwirkenden Einflüsse eines bestimmten Kontextes, gleichgültig ob aus dem privaten oder beruflichen Bereich.

1. Wer hat Einfluss?
2. Wie groß sind die verschiedenen Einflüsse?
3. Was fordern diese Einflüsse?
4. Was sind meine/unsere Antworten (Ablehnung, Annahme oder Kompromiss)?
5. Was sind die weiteren Konsequenzen der Antworten?

3. Übung: Zurückgehen auf die Stufe der Interessen

Vorgehen:

Ein nicht direkt überbrückbarer Gesprächsgegensatz ist die Folge von zwei Lösungsideen, die sich gegenseitig ausschließen. Dabei gibt es immer auch weitere Ideen und damit die Chance, Alternativen zu finden, die für beide Seiten Lösungen darstellen und miteinander vereinbar sind. Jede Position kann als ein spezielles Element aus einer Vielzahl von Alternativen gesehen werden, die zu dahinter liegenden Interessen gehören.

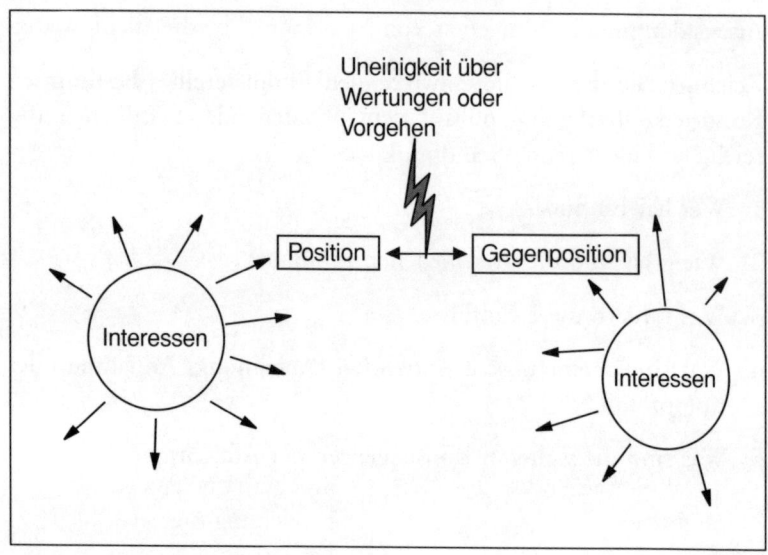

Abbildung 17: Divergierende Interessen

Möglicherweise gibt es ja eine inhaltliche Position, die als Lösung für beide Interessenseiten akzeptabel ist. Ehe es zu dieser kreativen Lösungserweiterung kommen kann, muss aber zunächst die Wahrnehmungsverengung im Konflikt überwunden werden. Das Vorgehen ist also zunächst ein „Zurück" auf die Interessenebene. Nach vollständiger Durcharbeitung dieser Seite geht es dann wieder „vor" zu weiteren Alternativen. Auch für den Fall, dass eine Ideallösung für alle nicht gleich gefunden wird, schafft dieses Vorgehen ein für alle größeres Maß an Nähe und Verständnis und ist daher eine taugliche Form der Konfliktlösung, z. B. im Rahmen einer Mediation.

Checkliste für das Umgehen von Standpunkten, die nicht weiter-
führen:

---

1. Der blockierende Standpunkt:

---

2. Dahinterliegende Interessen:	3. Alternative Wege zur Erreichung dieser Interessen:

Neue Sichtweisen öffnen

4. Übung: Rollenwechsel

Methode:

Ausgangspunkt sind unsere spezielle Fragestellung und unser spontaner Bewertungsmaßstab. Selbstverständlich wissen wir, dass nicht alle Menschen genauso denken. Wenn wir uns in typisierte Rollen hineindenken, fällt es uns relativ leicht, andere Sichtweisen zu spielen (!), ohne Angst vor Verlust der eigenen Identität zu entwickeln. Zum Beispiel: „Ja als Kleinaktionär würde ich wohl ..."

Diese je nach Fragestellung unterschiedlich gewählten alternativen und möglichst komplementären Rollen, also Rollen, die in der Kombination ein Ganzes ergeben, können durch Symbole, wie z. B. Hüte oder Stühle in ihrer Eigenständigkeit abgegrenzt bleiben. Für die Gestaltung von Veränderungsprozessen sind notwendig: Der „Visionär", der die Idee liefert, der „Seelsorger", der über Ängste und Verluste hinwegtröstet, der „Gestalter", der unermüdlich um Resultate und Fortschritte kämpft und immer neu Anstöße zum Vorangehen gibt, letztlich auch der „Richter", der auf Einhaltung des Vereinbarten achtet und Rückfälle ahndet. Oder in der Unternehmensführung sind dies: „Unternehmer", „Gestalter", „Integrator", „Controller" usw.

Möglichkeiten:

Wenn wir intuitiv eine Situation oder eine Entscheidung werten, dann erfolgt das immer anhand eines bestimmten Kriteriums. Beispielsweise wenn wir das Gefühl haben, die Kritik an einem Mitarbeiter sei recht harsch ausgefallen. Nach Bewertungsmaßstäben, die statt Motivation eher Leistung in den Vordergrund stellen, könnten wir zu einer anderen Bewertung kommen. Entsprechend unterscheiden sich die Maßstäbe eines Betriebsratsmitgliedes und eines Mitgliedes der Geschäftsleitung und sollten beide gehört werden. Wenn wir komplementäre Bewertungsmaßstäbe bei einer Situation finden und aus verschiedenen Blickwinkeln auf das Problem schauen, dann rundet sich das Bild und wir können eine Entscheidung treffen, die nicht einseitig und der Situation adäquat ist.

Sie sollten im Team diese Rollen verschiedenen Personen zuteilen und von ihnen vertreten lassen. Eine Podiumsdiskussion mit Vertretern der verschiedenen Sichtweisen wird immer Aufschlüsse geben, das Verständnis füreinander stärken und Fehlentscheidungen vermeiden helfen. In der Einzelarbeit benennen Sie für möglichst vier Stühle die entsprechenden Rollen und wechseln mit der Sitzposition auch die Blickrichtung auf Ihr Ziel, das Sie am besten vorher schriftlich formuliert und in der Mitte niedergelegt haben: „Auf dem Unternehmerstuhl würde ich sagen, dass ..."

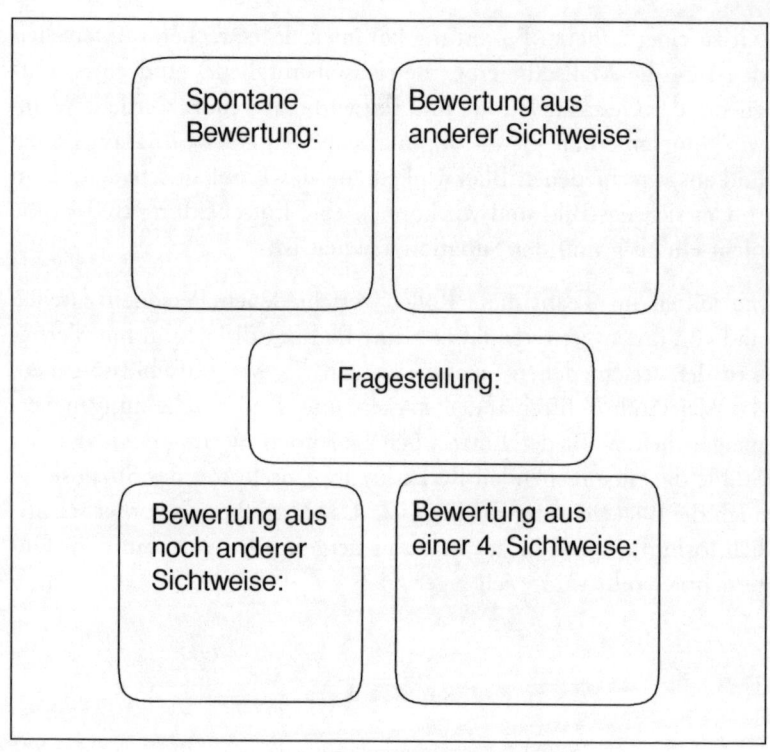

5. Übung: Standpunkte kippen

Möglichkeiten:

Standpunkte sind in der Regel recht stabil, weil sie den weiteren Suchrahmen begrenzen. Es wird zwar ergänzt, variiert, weiterentwickelt, aber recht selten wir dieser Standpunkt grundlegend in Frage gestellt. Damit aber wird die eigentliche, systemüberwindende Kreativität verhindert. Denn das Neue ist immer auch ein Loslassen und ein Überwinden des Alten, und damit hat unser meist mühsam erworbenes Selbstverständnis sein Problem. Wir sollten uns daher selbst überwinden und einen deutlichen Gedankenschritt über diese Grenze machen. Das ist unmöglich mit unbekannten Alternativen, leicht aber mit der Negierung des Bekannten. Wir beginnen daher mit der Prüfung des Gegenteils.

Methode:

Zunächst werden die verschiedenen Annahmen beschrieben, die meinen Standpunkt begründen. Dann erfolgt ein Umkehren der Annahmen und das Erarbeiten von „Ja-Wenn-Bedingungen", für die diese gegenteiligen Annahmen gelten können.

Beispiel:

Standpunkt = Ältere Menschen sollten im Alter von ihren Kindern gepflegt werden.

Annahmen = Ältere Menschen sind zu Hause glücklicher.
Kinder können mit ihren Eltern besser umgehen.
Das soziale Umfeld erwartet das.
Ein Regelverstoß macht Kinder schuldig und unglücklich.

Kippen der Standpunkte =
Ältere Menschen sind zu Hause unglücklicher, wenn ...
Sie sind in einem Heim glücklicher, falls gilt ...
Kinder können insbesondere mit den Eltern schlechter umgehen, wenn ...

Der zu überprüfende Standpunkt:

Annahmen, die diesen
Standpunkt begründen:

Die Annahmen kippen:
Das Gegenteil gilt, wenn ...

6. Übung: Zerlegen und Kombinieren

Methode:

Wir wissen alle, welch eine suggestive Kraft bildhafte Vorstellungen, „Visionen", besitzen. Wenn wir verhindern wollen, dass dieses Vorstellungsbild andere Sichtweisen verhindert, können wir vorgehen, wie das Beispiel Urlaubsplanung deutlich macht:

Die ursprüngliche Idee ist ein Segelurlaub mit der ganzen Familie an einem deutschen Binnensee.

Die verschiedenen Bildelemente sind: Sport, Ort, Land, Gruppe.

Jedes Bildelemente besitzt mehr als die ursprünglich genannte Ausprägung. Wir können also die denkbaren Alternativen ergänzen.

Sport:	Segeln, Wandern, Rad fahren, ...
Ort:	Binnensee, Meer, Berge, flaches Land, ...
Land:	Deutschland, Italien, Holland, ...
Gruppe:	Familie, einzeln, Kinder-Erwachsene getrennt, ...

Dieses kleine Beispiel bringt schon rechnerisch $3 \times 4 \times 3 \times 3 = 108$ Kombinationen, die nicht alle Sinn machen, z. B. die Kombination Berge und Holland, aber dennoch möglicherweise einige neue Planungsvarianten sichtbar werden lassen. Die grundsätzlich denkbaren Kombinationen sollten dann geprüft werden in dem Sinne: „Was würde für ... sprechen? Warum eigentlich nicht?"

Möglichkeiten:

Die vorangegangene Übung mit dem Kippen von Standpunkten ist die wichtigste Methode, mit einem Schritt den Rand des bisherigen Bezugssystems zu überwinden. Dieser Schritt reicht für die erste Überwindung von Denksperren aus bzw. dann, wenn es sich um zweiklassige Merkmale handelt, z. B. glücklich-unglücklich, im Haus-außerhalb des Hauses. Dieser Schritt reicht aber nicht, wenn in einem komplexen Bild die vorhandenen Elemente mehrere verschiedene Ausprägungen besitzen. In diesem Fall ermöglichen das Aufteilen und Neukombinieren eine Vielzahl von alternativen Ansätzen, und die können dann als Denkanstoß zu neuen Möglichkeiten führen. Dieser Ansatz ist im Übrigen eine bewährte Kreativitätsmethode („Morphologische Methode") und auch die Basis von Szenarien, mit denen mögliche Zukunftsentwicklungen vorgezeichnet werden sollen.

Unsere ursprüngliche Idee:

Grundelemente	Ausprägungen

Interessante, neue Kombinationen:

1:

Diese Variante macht Sinn, wenn ...

2:

Diese Variante macht Sinn, wenn ...

3:

Diese Variante macht Sinn, wenn ...

Entscheidungen prüfen

7. Übung: Die Aufstellung der Alternativen

Methode:

Eine für unsere Zukunft wichtige Entscheidung sollte nicht allein rational getroffen werden, sondern auch emotional tragbar sein. Eine gute Methode, die zugrunde liegenden Emotionen zu klären, ist die Aufstellung des Entscheidungsgegensatzes im Raum. Die drei Elemente sind dabei:

1. „Das Ich"

2. „Das Eine"

3. „Das Andere"

Auch in dieser Übung können Sie jeweils einen Stuhl als Repräsentanten einer Position wählen. Sie benötigen also drei Stühle, und zusätzlich sollten Sie drei Zettel zur Beschreibung der Positionen bereit haben. Auf den ersten schreiben Sie „Ich", auf den beiden anderen definieren Sie mit einem Stichwort oder einem kurzem Satz die jeweilige Entscheidungsalternative.

Sie beginnen damit, dass Sie einen Stühle mit dem Zettel „Das Ich" kennzeichnen, sich inmitten eines freien Raumes auf diesen Stuhl setzen und sich überlegen, welche der beiden Positionen „Das Eine" oder „Das Andere" Ihnen in Ihrem Gefühl aktuell am nächsten steht. Nehmen Sie für diese Position einen weiteren Stuhl, legen Sie den hierfür passenden Zettel auf die Sitzfläche und schieben den Stuhl in eine Position, vor, hinter, neben die eigene Position, sodass der Gesamteindruck mit Blickrichtung und Distanz Ihrem gegenwärtigen Gefühlsbild entspricht. Danach suchen Sie für die andere

Alternative ebenso den emotional passenden Raum. Bemühen Sie sich dabei, den Einfluss von Überlegungen auszuschalten, indem Sie sich ganz darauf konzentrieren, was Ihnen „Ihr Bauch" sagt. Wenn Sie schließlich die drei Stühle entsprechend angeordnet haben, werden Sie die Spannung zwischen den beiden Polen spüren. Und Sie sollten sich Zeit nehmen, die unterschiedlichen Emotionen auf den verschiedenen Plätzen zu spüren. Wechseln Sie also die Plätze und versenken Sie sich ganz in das Gefühl dieser Position.

Sie werden spüren, wie sehr Ihre Entscheidung emotional geprägt ist. Dabei wäre gleichermaßen problematisch, wenn es zu viel oder zu wenig Emotionalität gab. Sie werden vor allem spüren, ob sich die alternativen Positionen vom Ich gewertschätzt sehen. Falls nicht, Vorsicht! Dann ist die Gefahr groß, dass etwas mit Ihnen „durchgegangen" ist, dass die sachliche Basis unzureichend und damit nicht stabil genug ist.

Möglichkeiten:

Es geht bei dieser Arbeit mit einer Entscheidungsaufstellung nicht darum, welche Position richtig oder gegenüber den anderen richtiger ist. Es geht darum, alle Positionen zu sehen, zu respektieren und damit den Zugang zu einer vorurteilsfreien Entscheidung überhaupt finden zu können. Wenn jemand in einem starken Konflikt zwischen zwei Alternativen steht, dann kann es sein, dass dieser Konflikt von einer ganz anderen, jetzt eigentlich wichtigeren Entscheidung ablenkt. Immer wird es aber sein, dass die emotionale Ablehnung des Anderen verhindert, Zugang zu einer Sichtweise zu finden, auf der dann vielleicht die Synthese zwischen dem Einen und dem Anderen möglich wäre.

8. Übung: Fantasiereise

Methode:

Sorgen Sie dafür, dass Sie ungestört und ganz entspannt eine halbe Stunde Zeit haben. Machen Sie es sich bequem, schließen Sie die Augen und beginnen Sie, über Ihr Ziel nachzudenken. Nun stellen Sie sich vor, das Ziel sei erreicht. Wie sieht Ihre Situation dann aus. Was werden Sie tun, wie sieht Ihre Umgebung aus? Versetzen Sie sich in dieses Umfeld. Tun Sie das, was Sie erwarten. Wie fühlt sich das an? Spinnen Sie diese Situation aus. Lassen Sie die Situation auf sich einwirken. Handeln und reagieren Sie weiter. Lassen Sie sich von der Handlung mitnehmen, falls möglich.

Das Kriterium für Ihre Nachbetrachtung sei: Wenn Sie „in diesem Film" wenigsten fünf Minuten verbleiben konnten und sich dabei gut fühlten, dann sind Sie offenbar motiviert. Im anderen Fall sollten Sie Ihr Ziel besser noch einmal überprüfen.

Beispiel:

Person A sagt, er möchte reich sein, eine Motoryacht über das Mittelmeer steuern, junge, hübsche Frauen auf dem Vorderdeck haben, die ihn anhimmeln ... Stellen Sie sich das vor. Wie fühlen Sie sich? ... Wollen Sie's wirklich? ...

Möglichkeiten:

Ein Plan scheitert oft an Halbherzigkeit bzw. inkonsequentem Bemühen. Offenbar hat dann das Scheitern auch Vorteile, oder das Gelingen wurde insgeheim eben doch auch mit Nachteilen verbunden. Es wäre anstelle halbherzigen Bemühens sehr viel sinnvoller, vorab diese innere Stellungnahme zu erkennen und zu berücksichtigen. Mit einer Fantasiereise in die Welt des realisierten Planes kommt man den eigenen Gefühlen oft besser auf die Spur.

Ausblick: Wie Sie Logik und Gefühl zu Partnern machen

Das ganze Denken in Systemzusammenhängen nützt wenig, wenn es nicht konkrete Klärungen, Lösungen oder Fortschritte bringt. Eine Verstärkung von Passivität oder ein resignativer Rückzug wären die falsche Konsequenz, etwa nach dem Schema: „Ich weiß doch jetzt nur, wie kompliziert das alles ist ..." Oder: „Alles ist ja doch nur relativ ..."

Natürlich ist die wichtigste Voraussetzung jeglichen Fortschritts das Aufgeben von Anmaßung und das Ablegen von Einseitigkeit. Aber das muss nicht auf Kosten des Selbstbewusstseins geschehen, auch wenn es keine endgültige Wirklichkeit gibt. Wirklichkeit wird gefestigt und gewinnt an subjektiver Realität vor allem in der Gemeinsamkeit mit anderen, im Dialog, und sie wird zu einer sozialen Realität. Wenn wir selbstbewusst genug bleiben, unsere Sichtweisen und Fähigkeiten nicht gering zu schätzen, sondern als wichtige Erkenntnisbausteine in die gemeinsame Realitätskonstruktion einbringen, dann gewinnen wir allemal. Auch dann, wenn unsere Annahmen teilweise oder gänzlich korrigiert werden mussten. Denn dann werden Unsicherheiten durch eine bessere, allerdings ebenfalls vorläufige, neue Sicherheit ersetzt.

Eine weitere Voraussetzung ist die Bejahung von Lernen, von Entwicklung, von Orientierung an der Zukunft. Das eröffnet großartige Chancen. Denn wir können unser Leben neu entdecken. Wir können es in vielen Punkten umgestalten. Wir haben immer Zukunft, solange wir denken und umdenken können. Systemisches Denken macht daher vor allem Sinn im Rahmen von Veränderungen und

Veränderungsprozessen. Eine weitere Voraussetzung dafür, dass das Denken in Zusammenhängen Relevanz erhält, ist so entscheidend, dass einfach nicht häufig genug darauf hingewiesen werden kann: Es gehört der Mut dazu, Emotionen zu akzeptieren, auf Emotionen zu hören und sie in das Denken und Handeln selbstverständlich einzubeziehen. Intuitives Handeln ist demgemäß ein Einbeziehen emotionaler Fähigkeiten in den persönlichen Entscheidungsprozess, von Ahnungen oder auch Halbwissen. Wer weiterhin auf Trennung der beiden Ebenen Rationalität und Emotionen besteht, der wird sich in festen Bezügen einsperren, vieles an Reaktionen in seiner Umgebung nicht erfassen können und auch sich abzeichnende Übergänge nicht rechtzeitig wahrnehmen. Richtig ist, dass beide Elemente dazugehören und in dem Wahrnehmungsganzen eine Balance bilden. Die traditionelle Vorstellung der Unterschiedlichkeit einer rationalen Berufssphäre zu dem eher emotional geprägten Privatbereich ist so gesehen kontraproduktiv. Führungskräfte tun gut daran, Emotionen als einbeziehende bzw. auslösende Methoden zu trainieren, sei es, um im Gespräch oder in der Moderation anderen weiterzuhelfen, oder um selbst zu zusätzlichen Erkenntnissen zu gelangen. Niemand muss dabei befürchten, von diesen Emotionen überwältigt zu werden. Wenn Sie bisher in der Lage waren, Ihre Gefühle so stark einzuschnüren, dann ist Ihre Selbstkontrolle sicherlich ausreichend stark, Stopp-Werte etwas später zu setzen. Bedenken Sie, auch die Ablehnung von Gefühlen ist emotional. Besser haben Sie Ihre Gefühle im Griff, wenn Sie Ihnen ins Auge schauen und sich mit Ihnen bewusst auseinandersetzen. Sie sollten ohnehin nicht intuitiv handeln, sie sollten lediglich intuitiv suchen, das ist der Unterschied.

Die Anforderungen an Führung erfordern mehr als bloße Logik und mehr als bloßes Gefühl. Was wäre denn ein Unternehmer ohne Intuition, ein Führungsgespräch ohne Einfühlen? Entsprechend der Fähigkeit, Sache und Gefühle zu führen, wird häufig eine „Emotionale Intelligenz" gefordert. Es ist sicherlich positiv, sich für diese Wahrnehmungsebenen geöffnet zu haben. Es wäre aber eine Illusion, mit nur veränderten, standardisierten Sozialtechniken mehr zu erreichen, wenn nicht auch die eigene Persönlichkeit „stimmig" in das Gesamtbild passt. Das beginnt damit, als Gesprächspartner ausrechenbar und akzeptabel „anzukommen". Damit aber wird sofort das zur Verfügung stehende Verhaltensspektrum individuell und vielfältig.

Jede Führungskraft setzt in ihrer Arbeit entsprechend ihrer Persönlichkeit eigene, sehr subjektive Akzente, und diese Akzentuierung bleibt im Regelfall erhalten. Daher besteht die persönliche Weiterentwicklung immer aus einer Mischung von Selbsterkenntnis und Methodenergänzung. Es ist wichtig, die persönlichen Stärken zu kennen, um diese weiter auszubauen. Vor allem aber auch, um deren Kehrseite zu kennen und zu prüfen. Schließlich sind die Schwächen zuallererst Kehrseiten von Stärken.

Wir sollten unsere Fähigkeiten optimal nutzen, d. h. jeweils dort einsetzen, wo auch deren Stärken sind. Unser Gefühl ist ein schlechter Ratgeber, wenn es um eine betriebswirtschaftliche Analyse geht. Ebenso dann, wenn wir Vertrautes und Liebgewonnenes auf den Prüfstand stellen. Die Stärken der eher emotionalen Wahrnehmung liegen auf anderen Gebieten. Zum Beispiel wenn es darum geht, beim Gesprächspartner die Glaubwürdigkeit zu ermessen, eine Konfliktlösung zu moderieren, bei einem persönlichen Problem dem Mitarbeiter Mut zuzusprechen. Die Stärken des Intellekts bestehen gerade darin, sich von diesen Empfindungen frei zu machen und anhand von objektiven Kriterien bestimmte Fragestellungen oder Annahmen zu prüfen. Im Prinzip ist das das Vorgehen der wissenschaftlichen Methode: Annahmen formulieren und mit einer den anderen nachvollziehbaren Methode testen. Nichts wäre unwissenschaftlicher als eine Aussage: Mein Gefühl sagt mir ...

Da die Führungsaufgabe immer darin besteht, sich von Gegenwärtigem zu lösen und nach vorne zu blicken, darf man sich dabei nicht auf seine Gefühlslagen verlassen. Natürlich kann die Intuition eine große Rolle spielen, und sie tut es, wenn Widersprüche früh gespürt werden, wenn kreative Geistesblitze zucken.

Der nächste Schritt ist dann aber immer die rationale „kalte" Form der Überprüfung. Die besten Wissenschaftler sind dergestalt offenbar sehr zweiseitige Menschen. Einerseits geradezu Künstler, die Möglichkeiten und Unstimmigkeiten erahnen, andererseits diese Mutmaßungen mit großer Selbstkritik immer wieder verwerfen können. Damit zeichnen sich Wissenschaftler vor allem durch eine methodische Selbstdisziplin gegenüber Menschen aus, die sich in eine Idee verrennen und sich geradezu blindverliebt gegenüber jedem Hinweis auf Widersprüchlichkeit verschließen.

Nach all den Vorreden zu den Aufgaben der Führung, zu der Widersprüchlichkeit von Gefühlen und der Widersprüchlichkeit von Mitarbeitergruppen wird damit die Aufgabe klarer. Die Aufgabe besteht nicht zuletzt darin, die Gegensätzlichkeit von Ratio und Gefühl aufzuheben. In der richtigen Ergänzung können beide Aspekte Partner sein, die sich respektieren und ergänzen. Lassen Sie sich niemals auf einen inneren Streit ein nach dem Motto, wer hat Recht? Hilfreicher ist es, entsprechend dem schon angesprochenen Modell des Inneren Teams, beide Seiten ins Gespräch zu bringen. Beide, der Rationale und der Emotionale, könnten gleichermaßen als Innere Berater einbezogen und geachtet werden. Der Mechanismus, wie ein „Jein" entsteht und wie man das verhindert, gibt ja letztlich Aufschluss. Wenn Sie einerseits „Ja" empfinden, es aber auch gewichtige Gründe für ein „Nein" gibt, werden Sie leicht zu der flauen, missverständlichen Formulierung des „Jein" greifen. Besser ist es, beide Seiten zu akzeptieren und einen Konsens zu erarbeiten: Einerseits empfinde ich „Ja", andererseits akzeptiere ich Argumente für „Nein", eine Möglichkeit für ein „Ja", dem ich auch rational zustimmen kann, besteht wenn ...

Ebenso sollten Sie arbeitsteilig und ergänzend in den beiden wichtigen Führungsaspekten vorgehen. Die Logik bestimmt die Richtung, definiert die notwendigen Meilensteine auf der Wegstrecke und überwacht das Vorankommen. Auf dem Weg selbst reagieren und handeln wir mit sehr viel Intuition. Denn vor allem müssen wir Helfer gewinnen und Gauner abwehren. Eine gut ausgebildete Wahrnehmung auf der Gefühlsebene ist für das erfolgreiche Überleben maßgeblich. Denken Sie dabei an die Aussagekraft von Körpersprache und Intonation. Oft sind diese Botschaften in der Kommunikation aussagekräftiger als das Gesagte. Denn was nützen Ihnen Ihre guten Planungen, wenn Sie die falschen Leute einstellen. Gefühle helfen bei der Wahrnehmung und auch beim Dosieren des eigenen Handelns. Wenn Sie auf beide Ratgeber hören, kommen Sie besser zurecht.

Wenn Sie jetzt meinen, ich habe viele Buchseiten dazu benutzt, Ihr Selbstbewusstsein als Führungskraft genüsslich zu demontieren, dann hat das sicher eine Berechtigung. Aber was ich demontieren wollte, war ein falsches Selbstbewusstsein. Ein gewisses Maß an Unsicherheit ist immer notwendig und produktiv, wenn es die Suche nach dem Neuen und Besseren anstößt. Natürlich muss auch dieses Maß an Unsicherheit begrenzt sein. Denn es liegt mir wirklich fern, selbstlose, unsichere, bescheidene Führungskräfte zu fordern. Im Gegenteil! Sie dürfen und müssen einen Standpunkt wählen, Sie dürfen und müssen eine Entscheidung treffen, die Beste nach gegenwärtig verfügbarem Wissen eben. Daher sollen jetzt zehn Argumente folgen, die Ihrem Selbstbewusstsein gut tun.

Zehn Argumente für eine selbstbewusste Führungspersönlichkeit

1. Sie dürfen Ansprüche stellen.
Lassen Sie die Mitarbeiter niemals zur Ruhe kommen. Sorgen Sie für beständige Weiterentwicklung, denn sonst entwickeln sich Gewohnheiten und Besitzstände ... (Sorgen Sie dafür, dass nicht zu viel auf einmal in Unruhe gerät. Nur jeweils eine Revolution zur Zeit.)

2. Sie dürfen Mitarbeiter allein lassen.
Denn die Mitarbeiter sollen nach entsprechender Vorbereitung lernen, ihre Arbeit selbstverantwortlich zu tun. Das kommt ihnen fast immer zu früh ... (Sie prüfen vorher, ob der ins kalte Wasser Geschubste auch schwimmen kann und Sie organisieren vorsichtshalber den Rettungsring.)

3. Sie dürfen Ärger zeigen.
Denn Sie wollen doch wohl nicht als interesselos oder gleichgültig wirken. Ärger bietet eine konstruktive Kraft und liefert den Anfang des Besseren! (Lernen Sie, Ärger in der Ich-Form auszusprechen, kritisieren Sie immer einen Vorfall, eine Sache oder ein Verhalten, nie die Persönlichkeit der Menschen!)

4. Sie dürfen frustrieren.
Natürlich müssen Sie oft nein sagen, Erwartungen enttäuschen, Kontaktbedürfnisse auf Distanz halten. Wenn ein anderer damit Schwierigkeiten hat, obwohl Sie sich selbst keinen Vorwurf machen können, ist es zunächst einmal sein eigenes Problem ... (Das Erfolgsrezept des Zeitmanagements: 50 Prozent sind Prioritäten, 50 Prozent ein immer auch frustrierendes Nein-Sagen zur Umsetzung dieser Prioritäten.)

5. Sie dürfen unsicher sein.
Denn die Voraussetzung für gute Entscheidungen ist die Suche nach Argumenten, Kriterien und das Infragestellen. Wer absolut sicher tut, der lügt oder ist ein Dummkopf. (Suchen Sie nicht 100-Prozentigkeit, sondern die aktuell ausreichende, beste Lösung.)

6. Sie dürfen Fehler machen und Ihre Meinung ändern.
Denn Führung beschäftigt sich in erster Linie mit Veränderung und der Suche nach dem Besseren. Da das Neuland ist, sind Fehler und Irrtümer zwangsläufig. (Betonen Sie die Lernergebnisse.)

7. Sie dürfen dickschädelig sein.
Denn alles wirklich Neue wird zu Beginn abgelehnt. Sie wären keine Führungskraft, wenn Sie nicht zeitweise allein sein könnten. (Wenn Sie das einmal bis zum Erfolg durchgestanden haben, wächst Ihre Autorität.)

8. Sie dürfen Macht einsetzen.
Denn ein Unternehmen funktioniert nicht ohne Spielregeln und deren Überwachung. Menschen versuchen nur zu gern, Spielräume auszuweiten. Wer dann zu lange zögert, verschlimmert ... (Seien Sie kein Prinzipienreiter. Aber Ihre Großzügigkeit darf nicht ausrechenbar sein.)

9. Sie dürfen individuell sein.
Denn es gibt keine Einheits-Führungskraft. Sie sind nur erfolgreich, wenn Sie echt sind! (Ein kleiner Spleen macht jeden meist sichtbarer und menschlicher.)

10. Sie sollten stolz auf sich sein.
Ihre Persönlichkeit besteht aus Ihrer sehr besonderen Verbindung aus Gefühlen und Rationalität, aus einer ganz eigenen Mischung verschiedener Fähigkeiten. Sie sollten gar nicht erst versuchen, etwas

anderes sein zu wollen. In den Feinheiten kann man lernen und sich entwickeln, in den Grundzügen nicht. Seien Sie stolz auf sich und Ihre Einmaligkeit!

Und was ist das Teufelchen?

Wenn die Voraussetzung für Erfolg im Management ist:

- geistig beweglich bleiben,

- offen bleiben oder werden für Neues,

- sich selbst weniger vormachen,

- trotz allem zu sich selbst stehen ...

dann braucht der Weg dahin Anstöße, die gleichzeitig eine angemessene Anleitung und Distanzwahrung garantieren. Die persönliche Entwicklung benötigt Werkzeuge, die bei der Herstellung der richtigen Balance helfen. Neben den vorgestellten methodischen Hilfmitteln, mit denen Sie zusätzliche Erkenntnisse gewinnen konnten, habe ich Ihnen vor allem das Teufelchen ans Herz gelegt. Ich möchte Ihnen jetzt raten, es als Dialogpartner weiterhin zu nutzen.

Das Teufelchen wird der ideale Dialogpartner:

- Es vertritt immer den Gegenstandpunkt, auch dann, wenn ich mich überzeugen lasse.

- Es macht mir deutlich, ich muss auf der Hut sein.

- Es ist beweglich, schlau und manchmal lustig.

- Es ist nicht richtig angenehm, sondern fordert mich heraus und hält mich mit seinen Fragen in Bewegung.

● Es gestattet mir, auch einmal abzuschalten und es also abzuweisen.

Denn eigentlich ist es mein Schutzengel ...

Der psychologische Hintergrund

Zu Beginn meiner Tätigkeit fand ich mich in der Rolle als „Trainer" von Führungskräften und habe Nachwuchskräfte bzw. unterste Führungsebenen die methodischen Feinheiten der Gesprächsführung, der Teamleitung oder des Selbstmanagements beigebracht. Ich hatte es folglich vor allem mit Menschen zu tun, die unsicher waren und noch in ein stabiles Selbstverständnis der Führungsaufgabe hinein wachsen mussten. An diese Menschen richtete sich in erster Linie mein erstes Buch „Fordern und Fördern". Entsprechend helfen die darin ausgeführten methodischen Anleitungen und Praxistipps dabei, eine größere Eigenständigkeit, auch in Form von Un-Abhängigkeit, zu entwickeln.

Der Ansatz dieses Buches unterscheidet sich jetzt grundlegend und ist abgeleitet aus veränderten Aufgabenstellungen in meiner Arbeit mit Unternehmen. Meine Arbeitsrolle hatte sich in den letzten Jahren verändert, und zwar schrittweise hin zu der des „Beraters", der dann weiter helfen soll, wenn trotz bestem Bemühen unerklärte Stockungen in der Entwicklung von Einzelnen, Teams oder Organisationen aufgetreten sind. Die Führungskräfte, mit denen ich es nun überwiegend zu tun habe, unterscheiden sich ebenfalls. Es sind nun die eher erfahrenen, älteren Praktiker höherer Hierarchiestufen. Deren Angst besteht im Gegensatz zu Nachwuchskräften nicht mehr darin, der Führungsaufgabe womöglich nicht gewachsen zu sein, sondern eher in der Befürchtung, das so mühsam Erreichte wieder zu verlieren. Die Folge der verdeckten oder auch unbewussten Ängste ist sehr häufig Rigidität, mit der die eigene Selbstsicherheit betont und Infragestellungen unterdrückt werden. Auswirkungen auf die Organisation sind zwangsläufig, vor allem in einer Beeinträchtigung der Problemlöse- und Erneuerungsfähigkeiten. Entweder unterdrückt ein unbeweglicher Standpunkt die anderen bzw. verhindert deren Entstehen, oder mehrere gegensätzliche Standpunkte sind in Extrempositionen eskaliert und blockieren sich nun gegenseitig. Eine Unternehmenskrise kann fast immer auch als Krise in der gemeinsamen Kommunikation gedeutet werden, und damit letztlich auch als Krise im Denken. Also müsste sich in diesen Fällen zu allererst das Denken ändern; eine „kranke" Organisation benötigt selbstverständlich „Therapie". Dass die Unternehmen nicht automatisch die Sichtweise des externen Beraters teilen und dass es also Schwierigkeiten gibt, für die Notwendigkeit des Umdenkens zu motivieren, muss hier sicherlich nicht weiter betont werden. Entscheidend ist nach jeder Krise die Notwendigkeit, falsche oder überbetonte Sicherheiten im Denken zu korrigieren.

Dieses Buch will möglichst vorbeugend ansetzen und Führungskräften dabei helfen, für sich zunächst allein und dann mit den Mitarbeitern die Fähigkeit zur Selbsterneuerung zu stärken. Dieser Ansatz ist so gesehen sicherlich „therapeutisch", denn er beeinflusst bzw. verändert Selbstverständnisse und Sichtweisen. Dennoch werden die meisten Führungskräfte hierbei leicht Fortschritte machen. Sie müssen nichts neu lernen, sondern lediglich vorhandene, aber oft vernachlässigte Ressourcen im eigenen Denken ausbauen.

Automatisch stellt sich nun die Frage, wieso es möglich sein soll, über eine Veränderung des Denkens Fortschritte im Führen zu erzielen. Meine These besagt dazu, dass es eine Parallelität der „äußerlich" stattfindenden Leitung eines Mitarbeiterteams und den Abläufen im Denken gibt. Denn ein Denken findet ebenfalls mit Worten statt und Abwägen ist ein Dialog zwischen sich dazu bekennenden unterschiedlichen Standpunkten oder Blickrichtungen. Wenn wir im Kopf eine Entscheidung abwägen, dann ist auch das ein Dialog mit wenigstens zwei gegensätzlichen Positionen. Wir können also von einem „Inneren Team" mit unterschiedlichen Stimmen sprechen. Wenn eine Führungskraft sich in Moderationstechniken fortgebildet hat, dann hat sie vor allem gelernt, in einer Gesprächsrunde unterschiedliche Standpunkte aufzugreifen, wertzuschätzen und auf ein gemeinsames Ziel hin zu lenken. Durch das Erlernen von Moderationstechniken wird daher sicherlich auch im eigenen Denken die Offenheit und Wertschätzung von Unterschieden verstärkt, und umgekehrt bleibt eine dergestalt angelegte Denkschulung nicht ohne Einfluss auf das Praxisverhalten gegenüber Mitarbeitern. Offenbar ist daher auch eine Moderatorenausbildung bereits ein Gegenmittel gegenüber der geistigen „Vereinseitigung", die man durchaus auch als „Polaritätsstörung" bezeichnen kann. Diese Störung der inneren Polarität liegt immer dann vor, wenn ein innerer Gegensatz geleugnet wird, oder wenn er die persönliche Energie verringert statt zu stärken. Wenn beispielsweise statt des konstruktiven „einerseits ja, andererseits nein" das flaue „jein", eine Entscheidungsunfähigkeit oder die Leugnung des jeweils anderen eintritt. Bei einer Polaritätsstörung gibt es kein Infragestellen und Verändern von Lösungsformen, sondern allenfalls ein „Mehr des Selben" und damit eine gute Chance für die gefürchteten „Teufelskreise" und Eskalationen des Bemühens bis zum Endpunkt der Stressentwicklung im Burnout.

Der Dialog mit dem Teufelchen soll den immer bestehenden Drang zur Einseitigkeit rechtzeitig stoppen. Er ist eine Denkschulung, die Polarität im Denken positiv verstehen lässt und zur Erkenntnis- und Energiequelle macht. Ich möchte das verdeutlichen.

Zunächst, warum wurde ausgerechnet das Teufelchen als Dialogpartner gewählt? Für die Antwort erscheint mir wichtig, dass eine Gegenposition leichter zu denken sein wird, wenn dieser Gegensatz eindeutig ist und gleichzeitig nicht übermäßig bedrohlich erscheint. Die Figur des Teufelchens hat beides. Ich bin nicht gezwungen, den Dialog bis zu Sieg oder Niederlage auszukämpfen. Da Teufelchen aus Prinzip dagegen sind, kann vieles eben auch spielerisch gesehen bzw. als Unsinn stehen gelassen werden. Entscheidend wird der Erkenntnisgehalt des Dialogs, nicht so sehr die Frage, wer denn letztlich über den anderen gesiegt hat. Der kontroverse Dialog kann zunehmend als Erkenntnisquelle erlebt und geschätzt werden. Aus der verteidigenden Zweiteilung in ein „Ich" und dem störenden „Contra" wird durch diese Selbstverständlichkeit von zwei gegensätzlichen Positionen eine Dreiteilung. Es entsteht die Position des interessierten Zuhörers, der sich nicht von vornherein festlegen möchte und auch nicht muss. Wir können diese unabhängige Instanz im Kopf unser „Selbst" nennen (vgl. Schwartz, 1997), und sie ist dadurch gekennzeichnet, nicht selbst Partei zu sein. Wenn also das Selbst sagt, in mir sind mit einem „ja" und einem „nein" zwei gegensätzliche Standpunkte, die ich beide verstehen kann und die mir helfen, eine gemeinsame optimale Lösung zu finden, dann ist das die angestrebte positive Polarität. Das Selbst wird dann unmittelbar erleben, wie sehr es sich lohnt, die unterschiedlichen Stimmen, innere Zwiegespräche oder auch Teamgespräche anzuhören. Dann wird das Selbst schließlich zum bewussten Moderator des „Inneren Teams". Es wird diesen inneren Dialog dann nicht nur zulassen, sondern darüber hinaus selbst initiativ werden durch Fragen und Ermunterungen. Es wird auch den „schüchternen" Stimmen Mut machen, ihre gefühlsmäßigen Ahnungen oder halbfertigen Ideen vorzubringen, und es wird damit für sich „Intuition" als zusätzliche Erkenntnisquelle aufschließen. Keine Frage auf der anderen Seite, dass jemand, der in seinem Denken diese Qualität des Dialogs geschaffen hat und zu einer selbstverständlichen Gewohnheit werden ließ, kaum Schwierigkeiten hat, auch für das reale Mitarbeiterteam die richtigen Hilfestellungen zu setzen.

Die Anleitungen dieses Buches unterstützen daher weitreichende psychologische Entwicklungen, werden aber eine schon eingetretene Denkstarre wohl kaum beheben können. Die Bedeutung der Anleitungen liegt insbesondere in der Vorbeugung von Einseitigkeiten im Denken und damit von Rigidität, daneben in dem Ausbau dialogischer Fähigkeiten. In den allermeisten Fällen sind Fortschritte zu erzielen, und dann hat sich die Zeitinvestition der Buchlektüre direkt gelohnt, für den Einzelnen und auch für die Organisation. In den übrigen Fällen wird sicherlich deutlicher, wo mit professioneller Unterstützung weiter angesetzt werden sollte. Auch dafür habe ich die Hoffnung, dass aus der Lektüre zusätzlichen Mut geschöpft wird: Vieles ist möglich, auch für die Selbstentwicklung.

Ein persönliches Nachwort

Wenn Sie in der Lektüre bis hierhin durchgehalten haben, dann wahrscheinlich mit der Absicht, einige der Anregungen in Ihren Alltag zu übernehmen. Dafür wünsche ich Ihnen von Herzen viel Erfolg und lege Ihnen das Teufelchen als Wegbegleiter ans Herz. Sie haben ja mittlerweile festgestellt, dass sich in dieser Verkleidung Ihr Schutzengel verbirgt.

Natürlich werden Sie sich vorsehen, mit neuen Regeln wiederum eine Endgültigkeit entstehen zu lassen. Ich wünsche Ihnen, dass Sie sich Methodenvielfalt und Offenheit für das Neue auch über diese Darstellungen hinaus bewahren. Da es keine absolute Wahrheiten gibt, ist es angemessen, immer das Bessere zu suchen. Und natürlich das Gute im Bisherigen respektvoll zu würdigen.

Das gilt ebenfalls für mich selbst. Denn auch dieses Buch kennzeichnet einen vorläufigen Entwicklungsstand. Ich suche weiter nach noch plausibleren Darstellungen und noch wirkungsvolleren Praxisanleitungen. Daher meine Bitte an Sie, auch meinen Aussagen gegebenenfalls in freundlicher Form zu widersprechen. Ich freue mich auf Ihre Anregungen und neue Sichtweisen.

Sie erreichen mich unter der Anschrift
Diekerhof 1, D-49377 Vechta,
mit E-Mail: h.reinke-dieker@t-online.de
im Internet: www.reinke-dieker.de

Viel Erfolg und Freude mit Ihrer persönlichen Weiterentwicklung!

Ihr Heiner Reinke-Dieker

Literatur

Adizes, I.: *Wie man Missmanagement überwindet,* Heyne Verlag, München 1981

Argyris, C.: *Wissen in Aktion,* Klett-Cotta, Stuttgart 1997

Bandler, R.: *Veränderung des subjektiven Erlebens,* Junfermann Verlag, Paderborn 1987

Blanchard, K./Oncken, W./Burrows, H.: *Der Minuten Manager und der Klammer-Affe,* Rowohlt Verlag, Reinbek 1990

Dörner, D.: *Die Logik des Misslingens,* Rowohlt Verlag, Reinbek 1997

Eberling, W./Hargens, J.: *Einfach kurz und gut,* Borgmann Verlag, Dortmund 1996

Fritz, R.: *Den Weg des geringsten Widerstands managen,* Klett-Cotta, Stuttgart 2000

Goleman, D.: *Emotionale Intelligenz,* Deutscher Taschenbuch Verlag, München 1998

Hellinger, B./Ten Hövel, G.: *Anerkennen, was ist,* Kösel Verlag, München 1996

Kirckhoff, M.: *Mind Mapping,* Gabal Verlag, Offenbach 1998

Kuhn, T.S.: *Die Struktur wissenschaftlicher Revolutionen,* Suhrkamp Verlag, Frankfurt a.M. 1991

Lenz, G./Ellebracht, H./Osterhold, G.: *Vom Chef zum Coach,* Gabler Verlag, Wiesbaden 1998

Malik, F.: *Systemisches Management, Evolution, Selbstorganisation,* Haupt Verlag, Bern 1993

Moeller, M. L., *Die Wahrheit beginnt zu zweit,* Rowohlt Verlag, Reinbek 2001

Oech, R. v.: *Der kreative Kick,* Junfermann Verlag, Paderborn 1994

Reinke-Dieker, H.: *Fordern und Fördern,* Gabal Verlag, Offenbach 1997

Riemann, F.: *Grundformen der Angst,* Reinhardt Verlag, München 1993

Rommel, G. u. a.: *Einfach überlegen,* Schäffer-Poeschel-Verlag, Stuttgart 1993

Satir, V.: *Kommunikation – Selbstwert – Kongruenz,* Junfermann Verlag, Paderborn 1996

Schlippe, A. v./Schweitzer, J.: *Lehrbuch der systemischen Therapie und Beratung,* Vandenhoeck & Ruprecht, Göttingen 1997

Schulz von Thun, F.: *Miteinander reden 3 – Das innere Team,* Rowohlt Verlag, Reinbek 1998

Schulz von Thun, F.: *Praxisberatung in Gruppen,* Beltz Verlag, Weinheim 1998

Schutz, W.: *The Human Element,* Jossea-Bass Publishers, San Francisco 1994

Schwartz, R. C.: *Systemische Therapie mit der inneren Familie,* Pfeiffer Verlag, Stuttgart 1997

Senge, P. u. a.: *The Fifth Discipline Fieldbook,* Bantam Doubleday, New York 1994

Simon, F. B.: *Radikale Markwirtschaft,* Carl-Auer-Systeme, Heidelberg 1992

Sprenger, R. K.: *Das Prinzip Selbstverantwortung,* Campus Verlag, Frankfurt a.M. 1999

Stöger, G./Vogl, M.: *Gewonnen wird im Kopf, gestolpert auch!* Orell Füssli Verlag, Zürich 1999

Thomann, C./Schulz von Thun, F.: *Klärungshilfe,* Rowohlt Verlag, Reinbek 1988

Ury, W.L.: *Schwierige Verhandlungen,* Campus Verlag, Frankfurt a.M. 1992

Varga von Kibed, M.: *Ganz im Gegenteil,* Carl-Auer-Systeme, Heidelberg 2000

Watzlawick, P./Beavin, J.H./Jackson, D.D.: *Menschliche Kommunikation,* Verlag Hans Huber, Göttingen 1996

Der Autor

Der Autor

Heiner Reinke-Dieker, Vechta, verbindet ein breit angelegtes Theoriewissen (Promotion in Soziologie, Diplom in Mathematik und Pädagogik) mit den Erfahrungen aus nunmehr 20 Jahren Führungsberatung und als Systemischer Therapeut. Er unterstützt Unternehmen und einzelne Führungskräfte in der erfolgreichen Bewältigung von Entwicklungsprozessen.